KYNOS TRIMM- UND PFLEGEFIBEL
Renate Dolz

Renate Dolz

KYNOS TRIMM- UND PFLEGEFIBEL

KYNOS VERLAG

© 1993 KYNOS VERLAG Dr. Dieter Fleig GmbH
Am Remelsbach 30
54570 Mürlenbach/Eifel
Telefon: 06594/653, Telefax: 06594/452

ISBN-Nr. 3-924008-51-5

Druck: Druckerei Anders, Prüm/Eifel

Alle Rechte vorbehalten. Kein Teil dieses Buches darf nachgedruckt, in ein Mediensystem aufgenommen oder übertragen werden, ohne vorherige schriftliche Genehmigung des Verlages.

Inhaltsverzeichnis

I. **Zum Geleit** 6

II. **Einleitung**
   A. Über das Trimmen 7
   B. Technik und Werkzeug 12

III. **Das Trimming der einzelnen Rassen**
   1. Terrier
   A. RAUHHAARIGE HOCHLÄUFER 16
     1. Welsh Terrier als Musterhund für alle Hochläufer 16
     2. Airedale Terrier 29
     3. Irish Terrier 31
     4. Lakeland Terrier 32
     5. Foxterrier 34
     6. Deutscher Jagdterrier 37
     7. Border Terrier 38
     8. Schwarzer Russischer Terrier 40
   B. HOCHLÄUFER MIT WEICHEM HAAR, DAS NUR GESCHNITTEN WIRD 45
     9. Kerry Blue Terrier 45
     10. Soft Coated Wheaten Terrier 56
     11. Bedlington Terrier 60
   C. RAUHHAARIGE NIEDERLÄUFER 68
     12. Scottish Terrier 68
     13. Sealyham Terrier 79
     14. West Highland White Terrier 86
     15. Cairn Terrier 95
     16. Norwich und Norfolk Terrier 101
     17. Glen of Imaal Terrier 106
     18. Dandie Dinmont Terrier 107
     19. Australian Terrier 113
   D. NIEDERLÄUFER MIT WEICHEM HAAR 115
     20. Skye Terrier 115
     21. Ĉesky Terrier 117
     22. Australian Silky Terrier 121
     23. Yorkshire Terrier 123

   2. Schnauzer 125

   3. Affenpinscher 133

   4. Pudel 135

   5. Dachshund, Dackel oder Teckel 151

I. ZUM GELEIT

„Schönheit muß Pein leiden!" So mancher Hundeliebhaber wird sich dieses mitteralterlichen Sprichworts erinnern, wenn er die „Kynos Trimm- und Pflegefibel" studiert. Dieses Buch dokumentiert, daß eine stattliche Anzahl unserer heutigen Hunderassen an ihre Besitzer beträchtliche Anforderungen stellen. Es bedarf vieler Liebe und Geduld - bei Mensch wie Tier - um in der Öffentlichkeit und im Privatleben diese Hunde in all ihrer Schönheit zu präsentieren!

Seit Jahren haben sich die Bitten dieser Hundefreunde darauf konzentriert, ein umfassendes Buch herauszubringen, das ihren Hunden erspart, laufend moderne Schönheitssalons zu besuchen. **Do ist yourself** - auch in der Hundepflege.

Nicht viel weniger Anfragen liegen uns aber auch von den „Profis" vor, die in ihren Salons eine illustre Kundschaft der verschiedensten Hunderassen zu pflegen haben. Wer vermag alleine alle die Feinheiten zu erkennen, die von den in diesem Buch eingehend dargestellten 30 Hunderassen gefordert werden? Renate Dolz gehört zu den wenigen wirklichen Könnern, die das breite Spektrum der Pflege so vielseitiger Hunderassen beherrschen, Tag für Tag steht sie selbst aktiv mit Trimmesser, Scheren und kundigen Fingerspitzen bereit. Einmalig ist ihre Kunst, ihr Wissen über leicht verständliche gute Zeichnungen an andere Hundeliebhaber weiterzugeben.

Dies ist ein Fachbuch, das viele seit Jahren mit Ungeduld erwarten. Bestimmt nur wenige ahnen, wieviel Arbeit und Zeit notwendig waren, um einen so klaren und übersichtlichen Weg aufzuzeigen, um die einzelnen Hunderassen einerseits perfekt im Ausstellungsring zu präsentieren, andererseits im Alltag ohne allzugroßen Aufwand den eigenen Hund immer mit leichter Hand zu pflegen.

Möge dieses Buch zahlreichen Hundefreunden ermöglichen, mit einem Minimum an eigenem Aufwand ihre Hunde so zu pflegen, daß sie überall gebührend Bewunderung finden.

Mürlenbach, im September 1993   Dr. Dieter Fleig

II. Einleitung

A. Über das Trimmen

Wer sich für einen Terrier, einen Schnauzer oder einen Pudel als Weggefährten entschieden hat, dem ist »sein Traumhund« sicher zum ersten Mal in rassetypischer Frisur begegnet.

Abb. 1:
Westie und Schnauzer.

Vielleicht so oder so?
(Abb. 1)
Aber kaum so! (Abb. 2)
Denn dann hätte er sich für ganz andere Rassen interessiert.

Abb. 2:
Ungetrimmter Niederläufer.

Zu Terriern, Schnauzern und Pudeln gehört das »Trimming«, der Schnitt, und darüber sollte sich der zukünftige Besitzer eines solchen Hundes bei der

Anschaffung im klaren sein. Leider ist es nicht selbstverständlich, in jedem Hundesalon seinen Hund rassegerecht getrimmt oder geschnitten zu bekommen, und gute Fachleute, meist selbst Züchter, sind selten, nicht überall erreichbar.

Dieses Buch möchte Ihnen Mut machen, selbst Hand anzulegen, um unabhängig zu sein und immer einen gepflegten Hund um sich zu haben. Außerdem macht es Spaß!

Die erforderliche handwerkliche Fertigkeit können Sie sich mit etwas Geduld aneignen. Nur Übung macht den Meister! Wichtig ist, daß Sie eine Idealvorstellung von Ihrer Rasse haben. Den Blick dafür schärfen Sie am besten auf Ausstellungen, wo Sie die Konkurrenten beobachten können.

Warum werden die rauhhaarigen Hunde eigentlich getrimmt? Zunächst eine Erklärung des Wortes »Trimmen«: Englisch heißt »trim« zurechtstutzen, saubermachen, in Ordnung bringen. Ein gutes »Trimming«, wie man oft hört, kann also auch ein Hund, dessen Haar geschnitten wird, haben. Doch im deutschen Sprachgebrauch hat sich »trimmen« in Bezug auf Hunde für das Auszupfen des alten Haares eingebürgert. Der Engländer sagt dazu jedoch »strip« = abstreifen, oder »pluck« = pflücken, im Gegensatz zu »clip« = scheren.

Im Frühjahr und im Herbst kommen alle Hunde in den Haarwechsel. Auch bei den Rauhhaarigen, denen der Pelz den ganzen Winter über belassen wurde, beginnt im Frühjahr das »Haaren«. Doch es geht nicht vollkommen von selbst vorüber wie bei stockhaarigen, lang- und kurzhaarigen Hunden. Man muß nachhelfen und das alte, locker gewordene Oberhaar bis auf die dichte, kurze Unterwolle, die zum Teil auch ausgeht, auszupfen. Das hat den Vorteil, daß ein Rauhhaarhund in zwei bis drei Stunden seinen juckenden Winterpelz los wird und sich rundherum wohlfühlt. Die verbliebene Unterwolle schützt noch genügend, und bald wächst das neue Deckhaar nach. Ein Schäferhundbesitzer dagegen muß im Frühjahr tüchtig bürsten, um das Haaren seines Tieres zu verkürzen.

Einen Wechsel vom dicken Winterpelz zum leichteren Sommerfell gibt es bei den Rauhhaarigen jedoch nicht. Wenn ihr festes Deckhaar seine bestimmte Länge erreicht hat, stirbt es ab, und das neue schiebt auch im Sommer in gleicher Stärke nach.

Das Trimmen unterstützt diesen Vorgang, regt das Wachstum des neuen Haares an und verbessert dadurch dessen Qualität, sogar bei einer weniger guten Haaranlage. Voraussetzung ist aber, daß man sich nicht mit zweimaligem, totalem Abtrimmen im Jahr begnügt. Bei diesem Haartyp ist es möglich, durch Übertrimmen in regelmäßigen Abständen das nachwachsende Deckhaar wochenlang in guter Verfassung zu halten. Ideal wäre es, durch den Trimmrhytmus ein »rolling coat« zu erreichen. Das bedeutet, daß jeweils die obere Schicht ausgezupft werden kann, und das neue Deckhaar darunter schon etwas nachgewachsen ist, sodaß der Hund ständig ein frisches Haarkleid hat - mit verhältnismäßig geringem Aufwand. Von Zeit zu Zeit muß aber auch ein so behandeltes Haar ganz herunter. Für Aussteller ist es wichtig, nicht unbedingt vom allgemeinen Haarwechsel abhängig zu sein. Sie können sich mit dem Ab-

Abb. 3: Scottish Terrier um 1920.

trimmen und Nachtrimmen nach den Ausstellungsterminen richten, um ihre Hunde zu jeder Jahreszeit fit in den Ring zu bringen.

Die Frisuren sind nicht einfach »gemacht« worden, sie haben sich aus den natürlichen Gegebenheiten entwickelt. Ursprünglich waren die rauhhaarigen Rassen zwar wetterfest und praktisch behaart, aber viel schlichter als heute. Bei ihnen genügte es noch, überständiges Haar auf der Jagd im Gebüsch abzustreifen. Hin und wieder wird man es auch ausgezupft haben, besonders bei Hunden, die ausgestellt wurden. Die Ohren waren von Natur aus oft kurzhaarig. Längere Haare über den Augen und am Fang, charakteristisch für Rauhhaar, ließ man immer stehen, denn sie gaben den gewissen Terrierausdruck, das typische Schnauzergesicht. Im Prinzip hat sich bis heute nichts geändert, nur die im Laufe der Zeit angezüchtete Haarfülle machte besonders bei vielen Terrierrassen aus der einstigen Nebensächlichkeit eine dringende Notwendigkeit, die mit der Veränderung und Vereinheitlichung des Rassetyps immer mehr auch zur künstlerischen Gestaltung geworden ist - manchmal bis zur Übertreibung. Das Ziel guten Trimmens ist jedoch, einen Hund so natürlich und harmonisch aussehen zu lassen, als ob ihn die Natur so geschaffen habe, obgleich kleine Mängel dezent kaschiert und Pluspunkte geschickt hervorgehoben wurden.

Nicht nur auf Ausstellungen, auch zu Hause kann jeder Hund gut aussehen, wenn sein Besitzer einige Grundregeln beachtet, etwas über Anatomie weiß und möglichst viel über seine Rasse.

Grobe Fehler sind durch geschicktes Trimmen natürlich nicht zu vertuschen, höchstens etwas zu mildern, denn beim getrimmten Hund ist alles deutlicher zu erkennen als beim zugewachsenen. Unsachgemäßes Trimmen hingegen entstellt manchen guten Hund und täuscht sogar Fehler vor, wenn an den falschen Stellen Haar belassen oder weggenommen wurde.

Es gibt Terrierbesitzer, die »Urviecher« schöner finden und sich nicht von der Notwendigkeit des Trimmens überzeugen lassen wollen. Sie müssen ihre Hunde wenigstens sehr gut pflegen, vor allem öfter gründlich durchkämmen. Trotzdem wird es von Zeit zu Zeit Löcher im Fell geben, wenn sich solche Terrier an Bäumen oder Zäunen selbst das juckende Fell abzustreifen versuchen.

Ein anderes Extrem ist die Vorstellung, daß der Hund im Sommer immer ganz kurzes Haar haben sollte, weil er sonst schwitze, ohne daß man bedenkt, daß das Haarkleid Schutz gegen die Sonne bietet. Man kann nicht frisches Deckhaar immer wieder ganz abtrimmen, höchstens mit einem scharfen Trimmesser, welches nicht herausgehendes Haar abschneidet. Bei dieser Behandlung kann sich aber die Haarstruktur verändern, wie nach dem Scheren.

Durch Scheren bekommt man das Fell natürlich jederzeit sehr kurz, doch es wird in den meisten Fällen weich, sogar lockig. Mal früher, mal später verblassen die Farben, und der Haarwechsel wird unterdrückt, da das Haar nur abgeschnitten und der Rest nicht herausgetrimmt wird. Dafür wächst die weiche, auch von der Schere erfaßte Unterwolle besonders üppig, die Schutzfunktion des Rauhhaares geht verloren. Sicher gibt es Ausnahmen, aber sie bestätigen nur die Regel.

Auf ausgeheilten Verletzungen nachwachsendes Haar zeigt wieder Festigkeit und intensive Farben. Das macht Mut, durch vorsichtiges Rupfen mit viel Geduld ein verdorbenes Rauhhaar allmählich in Ordnung zu bringen. Es lohnt sich, denn ein Drahthaarfox sieht mit leuchtenden Farben wirklich sehr viel schöner aus!

Bei Rauhhaarhunden mit weichem, untypischem Haar, das auch durch mehrmaliges Rupfen nicht zu verbessern ist, wird man sich zum Scheren (mit dem Strich) entschließen müssen.

Abgesehen von der immer wieder auftretenden Haaranlage ist Rauhhaar nicht gleich Rauhhaar. Jede Rasse hat ihre Eigenart - und jeder Hund ist individuell zu behandeln. Das kann ein Besitzer mehrerer Hunde gut beobachten.

Nach diesen notwendigen und wichtigen Grundinformationen geht es nun weiter mit dem praktischen Teil. Vorbedingung für Ihre erfolgreiche Trimmarbeit ist, daß Sie Ihren Hund konsequent pflegen! Regelmäßiges Bürsten und Kämmen auf einem feststehenden Tisch mit griffiger Auflage (Teppichboden oder geriffelte Gummimatte) muß so selbstverständlich zu seinem Leben gehören wie Fressen und Spazierengehen. Dann wird er auch vertrauensvoll Ihre ersten Zupfversuche akzeptieren.

Schaffen Sie sich für das Trimmen auf jeden Fall einen anschraubbaren »Galgen« an, damit Sie Ihren Hund anhängen können, wenn Sie allein sind. Die »dritte Hand von oben« wird meistens ernster genommen als ein helfendes Familienmitglied, an das man sich anlehnen kann, anstatt ordentlich zu stehen. Für Aussteller lohnt sich ein kompletter Trimmtisch (Abb. 4). Überfordern Sie sich und den Hund nicht, legen Sie Pausen ein oder arbeiten Sie am nächsten Tag weiter.

Abb. 4: Kompletter Trimmtisch.

Abb. 5: Immer feststehender Tisch für die Pflege.

B. Technik und Werkzeug

So wird es gemacht: Nachdem Sie das Haar bis auf den Grund durchgekämmt haben, fassen Sie mit den besten Werkzeugen, die nichts verderben können, nämlich Daumen und Zeigefinger kleine Haarbüschel an der Spitze und ziehen sie mit kurzem, energischem Ruck in Wuchsrichtung heraus, wobei Sie mit der anderen Hand die Haut davor etwas straffen. Gehen Sie nicht zu vorsichtig vor (natürlich auch nicht grob), das macht Ihren Hund unsicher, und er spielt Ihnen Überempfindlichkeit vor.

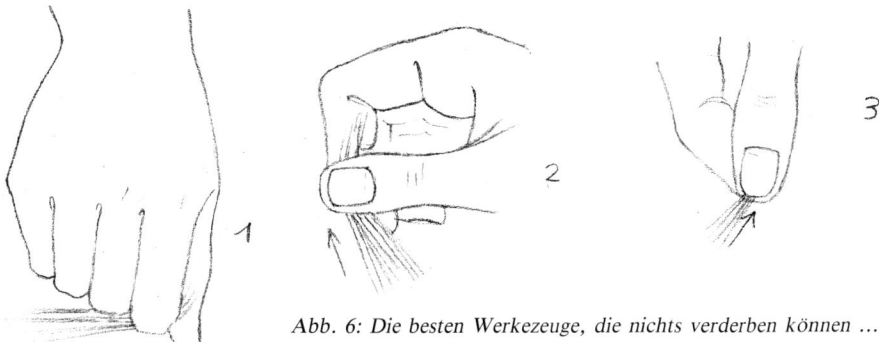

Abb. 6: Die besten Werkezeuge, die nichts verderben können ...

Denken Sie immer daran, daß Sie totes Haar auszupfen, und das kann nicht weh tun! Um das richtige Gefühl dafür zu bekommen und mutig zu werden, ist für einen Anfänger ein Hund mit überreifem Fell ideal zum Lernen. Zupfen Sie aber nicht mal hier mal dort, sondern beginnen Sie an einer Stelle und rupfen Sie von dort ausgehend systematisch alles alte Haar bis auf die Unterwolle aus, soweit wie es die Zeichnungen für die einzelnen Rauhhaarrassen angeben.

Man kommt natürlich nicht ganz ohne Werkzeug aus. Um Kopf und Hals, empfindliche Stellen und die Pfoten in Ordnung zu halten und um das nachwachsende Deckhaar regelmäßig zu übertrimmen, brauchen Sie zusätzlich Trimmesser und Scheren. Jeder, der sich ernsthaft mit der Materie befaßt, wird bald durch mutiges Probieren dahinter kommen, wo und wann er bei seinem oder seinen Hunden am besten mit dem Trimmesser arbeitet oder nur mit den Fingern zupft.

Verschiedene Möglichkeiten, die Haare zu fassen:
1) Das Übliche am Körper. Sehr langes, reifes Haar faßt man besser tiefer. Das ergibt sich bei der Arbeit (Abb. 6,1).
2) Wenn man einen kleinen Hund von oben nach unten an den Seiten zupft (Abb. 6,2).
3) »Haar für Haar«, z.B. an den Ohren (Abb. 6,3).
4) und 4a) Mit dem Trimmesser. Dabei ist zu beachten, daß man das Messer möglichst senkrecht zum Körper hält. Wenn man es kippt, vielleicht noch mit einem Ruck, schneidet ein neues, angeschliffenes Messer das Haar ab (Abb. 9).

Abb. 7 + 8: Einzelne reife Haare verschiedener Rauhhaarhunde. Sie sind nur im oberen Teil fest und kräftig, und meistens sind auch nur hier die Farben eingelagert. Es ist einleuchtend, daß das Haarkleid allmählich (mal schneller, mal langsamer) weich wird und die Farben verblassen, wenn man darunter abschneidet.

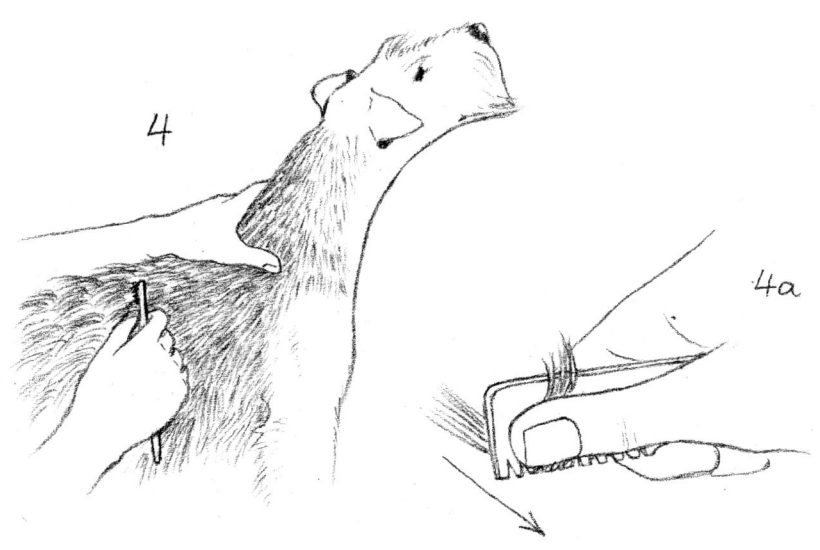

Abb. 9: Richtiges Fassen der Haare.

Als *Grundausstattung* ist anzuschaffen (Abb. 10):
Zwei bis drei Trimmesser (für Rechtshänder und für Linkshänder). Sie sind verschieden tief gezahnt.
1) zum Abtrimmen,
2) tiefer gezahnt, zum Übertrimmen und Austrimmen loser Unterwolle,
3) zum Trimmen der Übergänge, Austrimmen, auch Auskämmen, der losen Unterwolle.

Da die Messer etwas angeschliffen sind, müssen Sie am Anfang vorsichtig damit umgehen, um nicht das Haar abzuschneiden. Etwas stumpf geworden sind sie gerade richtig: sie greifen, schneiden aber nicht. Keine Messer mit einlegbaren Klingen verwenden! Wenn Sie sich unsicher fühlen, könnten Sie am Anfang eine *Hornhaut-Konturfeile* zweckentfremden. Halten Sie diese wie ein Trimmesser. Der Bimsstein faßt genügend Haar, aber weniger als ein Trimmesser.

Eine *große und eine kleine Klippschere* (Hauptner oder Aeskulap), die es in je zwei Größen gibt. Eine *elektrische Maschine* lohnt sich für einen Einzelhund nicht, höchstens wenn es Ihnen zu schwer ist, die Handscheren zu bedienen.

Eine *Haarschere* (Friseurschere) und eine *Effilierschere* mit einseitiger Zahnung.

Außerdem für die *tägliche Pflege:* eine *Drahtbürste* mit gebogenen Drähten (z.B. Hinde's Bürsten in verschiedenen Größen aus England), ein *mittelweiter* und ein *enger Stahlkamm,* sowie eine *Echthaarbürste* für die Pflege nach dem Abtrimmen und für den letzten Schliff auf Ausstellungen. Gute Dienste leistet auch ein *Gummihandschuh mit Noppen.* Für Notfälle ist ein *Entfilzungskamm* zu empfehlen.

Sobald Sie das Werkzeugangebot aus dem In- und Ausland überblicken, werden Sie sich noch dieses oder jenes Trimmesser, das Ihnen gut in der Hand liegt, anschaffen. Eine reiche Auswahl finden Sie meistens bei den Ständen auf Hundeausstellungen.

Das Schneiden der Krallen
Kontrollieren Sie die Länge der Krallen. Bei Hunden, die überwiegend auf weichem Boden laufen oder wenig spazierengehen, nützen sich die Krallen mitunter nicht genügend ab. Sie müssen regelmäßig geschnitten werden, damit die Pfotenstellung korrekt bleibt. Für viele Rassen werden geschlossene »Katzenpfoten« gewünscht (Zeichnung 11a). Auf keinen Fall dürfen die Krallen so lang werden, daß sie sich nach den Seiten umbiegen. Wenn das Haar sehr üppig ist, muß man besonders darauf achten, daß man die Krallen nicht übersieht.

Vergessen Sie nicht, die Krallen der höher sitzenden fünften Zehen von Zeit zu Zeit zu schneiden. Sie wachsen bei manchen Hunden (häufig mit kurzen Läufen) rund und können sich in die Zehe oder sogar in den Lauf bohren, was natürlich schmerzhaft ist. Dann kann nur der Tierarzt helfen. Wie die Krallen zu schneiden sind zeigt Zeichnung 11b.

Schneiden Sie nicht zu viel auf einmal weg, sondern nur die hohlen Spitzen. Vorsicht bei schwarzen Krallen, da man die Blutbahn nicht sieht. Für den Fall,

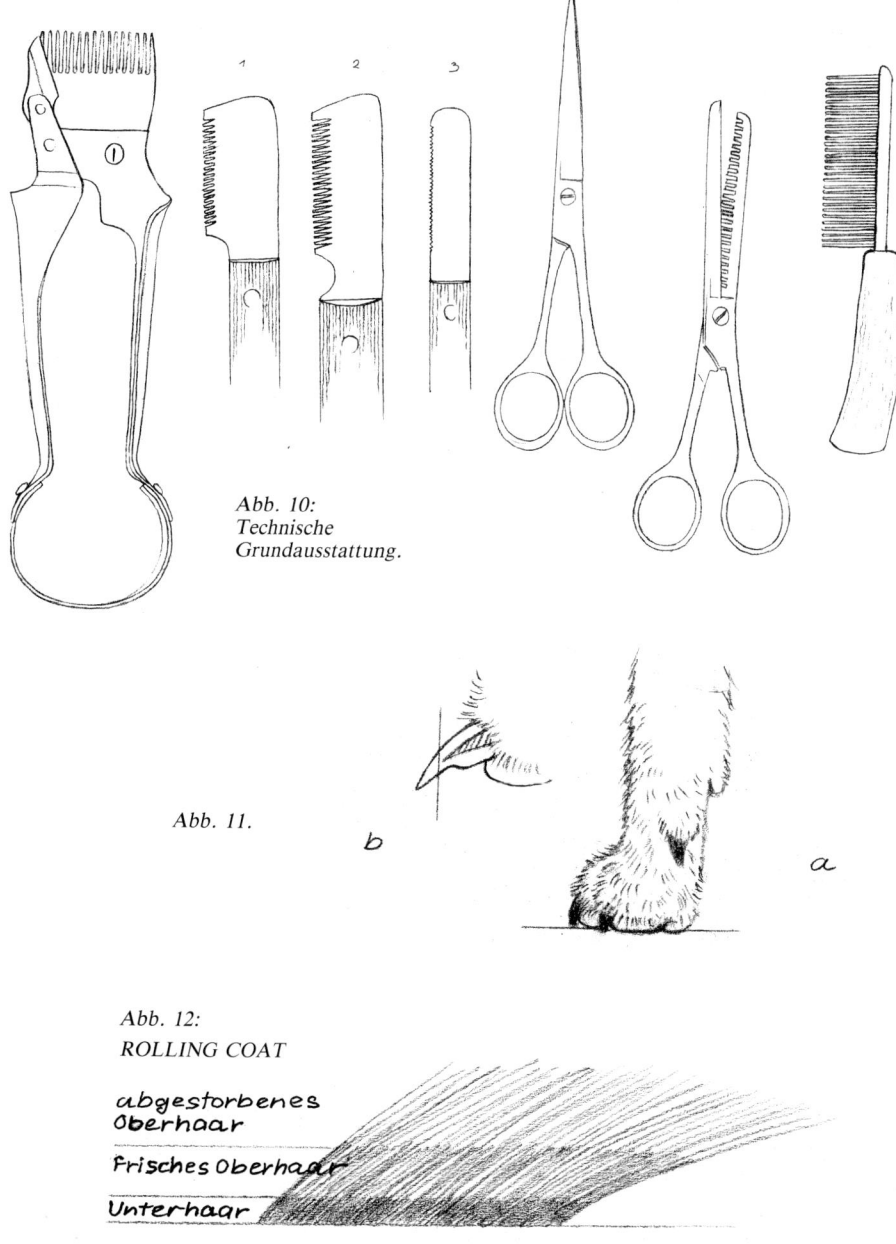

Abb. 10:
Technische
Grundausstattung.

Abb. 11.

Abb. 12:
ROLLING COAT

abgestorbenes Oberhaar
Frisches Oberhaar
Unterhaar

daß Sie doch einmal zu tief geraten, halten Sie ein blutstillendes Mittel (z.B. übermangansaures Kali) und ein Tempotaschentuch oder Zellstoff bereit. Gewöhnlich hört das Bluten schnell auf.

III. Das Trimming der einzelnen Rassen

1. Terrier

A. RAUHHAARIGE HOCHLÄUFER

Airedale Terrier, Welsh Terrier, Lakeland, Irish und Fox Terrier stammen aus verschiedenen englischen Landschaften und aus Irland. Jede Rasse ist für sich charakteristisch, - im Wesen, in der Größe, in den Farben. Doch getrimmt werden sie nach den gleichen Richtlinien, die ihrem Temperament, ihrem Selbstbewußtsein, ihrer straffen Erscheinung entsprechen, mit jeweils kleinen rassespezifischen Abweichungen, die gesondert behandelt werden.

Heruntergerutschte Hosen auf der Hinterhand, durch Haar beladene Schultern, Fransen an den Vorderläufen, unter den Augen eingefallen wirkende Köpfe oder volle Bärte und abgeschnittene Augenbrauen. Alles Kreationen, die man aus vielen Hundesalons kennt, sie machen den schönsten Terrier lächerlich. Sie können es nur besser machen!

Allgemein wird ein Welpe schon etwas getrimmt abgegeben. Der Kopf ist zurechtgemacht, bei guter Haaranlage überwiegend gezupft. Lange Haare am Hinterteil und an der Unterseite der Rute wurden, je nach Empfindlichkeit, gezupft oder geschnitten. Im Alter von vier bis fünf Monaten, manchmal auch später, geht das Haar zum ersten Mal aus. Das ist individuell, vielleicht auch von der Jahreszeit beeinflußt. Es muß dann sauber rundherum abgetrimmt werden. Wahrscheinlich werden Sie dafür noch einmal den Züchter zu Rate ziehen. Er zeigt Ihnen auch, wie die Ohren zu kleben sind, falls es in der Zahnwechselzeit nötig sein sollte. Danach aber nehmen Sie Ihre Kraft zusammen und arbeiten Sie weiter, um immer einen schönen Hund zu haben.

Das erste vollkommene Abtrimmen des Junghundes entspricht dem des erwachsenen Hundes im Vollhaar. Natürlich ist das Haar noch kindlich, besonders an den Läufen, und es braucht Zeit, um so dicht und lang zu werden wie beim älteren Hund. Darum ist noch nicht so viel auszugleichen, das erleichtert das Lernen.

Alle Illustrationen zum Text sind jeweils auf erwachsene Hunde abgestimmt.

1. WELSH TERRIER ALS MUSTERHUND FÜR ALLE HOCHLÄUFER

Der Welsh Terrier erscheint auf Grund seiner ausgewogenen Erscheinung ohne Extreme als Vorbild bestens geeignet. Befassen wir uns einleitend mit diesem Terrier als Musterhund. Er stammt aus Wales in England, ist weder ein kleiner Airedale, noch ein black and tanfarbener Foxterrier, muß sich vielmehr deutlich vom Foxterrier unterscheiden. Kaum kleiner als dieser (höchstens 39 cm), ist er kräftiger gebaut und hat kein so langes Vorgesicht. Typisch sind die weiter auseinanderliegenden Augen. Die Ohren werden mit ihrer Oberkante etwas über dem Oberkopf getragen. Seine Farben, Schwarz und sattes Loh

(Tan), auch Mahagony, meliert (grizzle) mit dunkler Lohfarbe, sind klar voneinander getrennt. Die Ohren sind stets etwas dunkler.

Der Welsh geht wie manche andere Terrier auf den rauhhaarigen Old English Black and Tan Terrier zurück. Er wurde als Arbeitshund, speziell Bauhund gezüchtet und zusammen mit Foxhoundmeuten und Otterhounds gehalten. Pwllheli in Nordwales war Ausgangspunkt und für lange Zeit Zentrum der Zucht. Nach Anerkennung der Rasse 1884 wurde 1885 der Welsh Terrier Club of England gegründet. Während seiner bewegten Zuchtgeschichte behauptete sich der Welsh in seiner Eigenart gegen verschiedene ähnlich aussehende Kreuzungen und den zeitweise angestrebten Foxterriertyp. Heute ist der Welsh Terrier bei aller Härte, wenn er jagdlich gefordert wird, ein beliebter Familienhund.

Das Trimmen

Wenn das Haarkleid Ihres Terriers sehr lang geworden ist, z.B. nach den Wintermonaten, und auszugehen beginnt, muß es vollkommen abgetrimmt werden. Richten Sie sich nach Zeichnung 4 und zupfen Sie - nach gründlichem Durchkämmen - mit den Fingern oder (und) mit einem stumpfen Trimmesser - wie es besser geht - mit dem Strich das Haar im schraffierten Feld 1 bis auf das kurze, dichte Unterhaar aus. Wenn das Haar sehr leicht herausgeht, gehen Sie an der Schulterpartie bis zum Ellbogengelenk herunter. Später, besonders für Ausstellungen, wird man sich bemühen, hier Einbuchtungen zu vermeiden, indem man mehr Haar oberhalb des Gelenks stehen läßt (Zeichnung 5 a, b und c).

An der *Hinterhand* trimmen Sie alles überständige, lockere Haar in dem weitschraffiert gekennzeichneten Feld, möglichst nur mit den Fingern, aus (Zeichnung 4 und 5 d). „Hosen" sind unbedingt zu vermeiden (Zeichnung 5 e und f). Die Rückseiten der Hinterläufe werden kurz getrimmt (nie geschoren), um die Winkelung freizulegen. Zur Vorderseite hin läßt man das Haar etwas länger, der Hund wirkt dadurch kürzer.

Bei sehr guter Haarveranlagung wäre es zu empfehlen, die Felder 2 auf Zeichnung 4 und 5d mit dem Trimmesser, stellenweise auch mit den Fingern, zu rupfen. Für Ausstellungshunde ist es unerläßlich, doch auch für einen Familienhund sollten Sie sich die Mühe machen, wenigstens den Oberkopf und die Oberseiten und Ränder der Ohren zu rupfen. Es sieht besser aus, weil das Haar fest und somit farbintensiv bleibt (Zeichnung 7a).

Wenn Sie Hals und Wangen scheren, dann mit der großen Klippschere gegen den Strich oder, je nach Größe des Hundes, die Wangen mit der Liliputschere. Die Innenseiten der Ohren schneidet man gewöhnlich mit der Liliputschere, falls man nicht sehr festes Haar auch hier zupfen kann. Setzen Sie die Klippschere am Ohrrand an (Zeichnung 7c), dann können Sie diesen nicht verletzen. Vorsicht an der „Tasche" x.

Wer es vorzieht, den ganzen Kopf und die Ohren zu scheren, weil das Haar vielleicht sehr weich ist, der schneidet den Oberkopf mit dem Strich (Zeichnung 7b) und die Oberseite der Ohren gegen den Strich (bei kleinen Hunden mit der Liliputschere, bei Airedales besser mit der großen). Schneiden Sie die Ränder vorsichtig mit einer Haarschere zur Spitze zu glatt. Wenn Sie sich unsicher fühlen, dann fassen Sie das Ohr so, daß Ihre Fingernägel zwischen Ohrrand und Schere sind.

Die Zeichnungen 6a und 7a zeigen den roh getrimmten Kopf mit der Unterseite des Halses. Das Haar für die Augenbrauen bleibt ab einer gedachten Linie vom äußeren Augenwinkel zum anderen stehen. An den Seiten achten Sie darauf, daß Sie nicht zu weit nach vorn zupfen oder schneiden, denn dann bekäme der beste Kopf „Backen" (Zeichnung 6b). Die Grenze verläuft von den äußeren Augenwinkeln ungefähr zu den Mundwinkeln und an der Kehle bis zu der kleinen Warze mit festen Haaren (Zeichnung 7a/b). Die Ohren werden, wie schon beschrieben, gezupft oder geschoren.

Trimmen Sie danach das noch zwischen den Ohren stehengelassene Haar mit den Fingern bis zum Halsansatz. Wenn Sie später zwischendurch nur den Kopf zurechtmachen, werden Sie das Haar hier etwas länger lassen, auch bei einem geschorenen Oberkopf, um einen harmonischen Übergang zum Haar des Halses zu schaffen (Zeichnung 6c).

Nehmen Sie sich Zeit für die *Feinarbeit am Kopf,* sie entscheidet über den charakteristischen Ausdruck eines Terriers. Teilen Sie zuerst die Augenbrauen durch eine gezupfte, schmale Bahn in der Mitte (nicht beim Lakeland Terrier). Trimmen Sie hier jedoch nicht so kurz, wie z.B. beim Scottish Terrier, dessen ausgeprägterer Stop betont wird. Das Ziel ist eher - jedenfalls für die Ausstellung - eine Linie (Schädel-Nasenrücken), nur unterbrochen von den Augenbrauen (Zeichnung 6d/7d).

Die Augenbrauen sollen nicht besonders üppig sein und hochstehen. Zupfen Sie diese mit den Fingern, Haar für Haar, in Form, vom äußeren Augenwinkel an schräg nach vorn verlaufend (Zeichnung 7d). Für nicht ganz dunkle oder etwas große Augen ist es vorteilhaft, wenn sie unter länger gelassenen Augenbrauen im Schatten liegen. Weiche Haare übertrimmen Sie leicht mit dem stumpfen Trimmesser und schneiden sonst mit der Effilierschere, nicht zu gerade.

Damit *der Kopf* wie gewünscht rechteckig und möglichst gestreckt wirkt, kämmen Sie die Barthaare an den Seiten auf und zupfen Sie mit den Fingern die längsten aus. Fassen Sie wenige auf einmal an den Spitzen und zupfen Sie diese mit einem kleinen Ruck aus. Achten Sie dabei darauf, daß keine Einbuchtungen entstehen (Zeichnung 6e und richtig 6f). Auch ein etwas breiter Kopf kann gut getrimmt gestreckt wirken.

Bei weichem Haar gehen Sie leicht mit dem Trimmesser über die Seiten und begradigen, wenn nötig, mit der Effilierschere. Trimmen Sie mit Daumen und Zeigefinger, Trimmesser oder Effilierschere, je nach Haarqualität, einen möglichst nahtlosen Übergang von den kurzhaarigen Wangen zum Bart (Zeichnung 7d). Haare, die sich vor die Augen legen, werden vorsichtig mit den Fingern ausgezupft.

Wenn Sie das *Barthaar am Unterkiefer* je nach Festigkeit zupfen oder schneiden, dann stellen Sie sich vor, daß der nicht zu füllige Bart die Linie von

Hals und Kehle mit Schwung fortsetzt und den Kopf optisch verlängert. Das gibt dem Terrier von der Seite gesehen den gewissen Pfiff (Zeichnung 7d). Es ist ratsam, weiches Barthaar von Zeit zu Zeit gründlich durchzutrimmen, damit es vielleicht allmählich etwas fester wird.

An der hinteren Partie läßt sich das Haar in Feld 2 zupfen, wenn es fest genug ist, sonst schneiden Sie die Unterseite der Rute von unten nach oben mit der großen Klippschere, die Analgegend und eine Gasse darunter mit der kleinen Schere, und gleichen zum getrimmten Haar mit Trimmesser oder Effilierschere aus (Zeichnung 5d).

Den Bauch mit den „empfindlichen Stellen" (Penis, Zitzen, Hoden und Scheide) schneidet man vorsichtig mit der Liliputschere. Sehen Sie auf den Zeichnungen 8a/b die Abgrenzung und in welchen Richtungen Sie schneiden. Sie können einen kleinen Hund dazu an den Vorderläufen anheben oder, wenn er daran gewöhnt ist, auf den Rücken legen. Filze, die sich manchmal neben Hoden und Scheide bilden, werden am besten mit der Liliputschere herausgeschnitten.

Überarbeiten Sie nun *Brust und Läufe,* sodaß das längere Haar möglichst fließend dem kurzgetrimmten angeglichen wird.

Die *Front* muß gerade sein und die *Vorderläufe* sollen wie Säulen wirken (Zeichnung 5c und 9). Kämmen Sie die Haare an den Läufen auf und zupfen Sie mit den Fingern die überstehenden losen aus. Scheuen Sie sich nicht, alle überständigen Haare auszuzupfen, wenn das Körperhaar bis auf die Unterwolle abgetrimmt wurde. Sie erreichen (auch mit regelmäßigem leichten Übertrimmen), daß das Haar an den Läufen allmählich dichter und fester wird. Vermeiden Sie aber übermäßiges Kämmen. Achten Sie darauf, daß in der *Ellbogengegend* keine Haare seitlich wegstehen, welche die Ellbogen locker erscheinen lassen könnten (Zeichnung 5c re.). Von der Schulterpartie bis zu den Pfoten sollte es eine straffe Linie geben.

Die Rückseiten der Läufe werden durch Zupfen begradigt. Dazu kämmen Sie die Haare nach hinten und zupfen mit den Fingern die längsten aus. Nur bei sehr weichem Haar, welches nicht zu bessern ist, schneiden Sie an den Läufen mit der Effilierschere (Zeichnung 9c, d und 10).

Die Ellbogen soll man sehen, aber sie sollen nicht kahl sein. Bei Rauhhaarhunden wächst meist besonders dichtes Haar auf den *Gelenken* der Vorderläufe (Zeichnung 9c). Es wird durch vorsichtiges Zupfen ausgedünnt und somit dem übrigen Haar angeglichen.

An den Pfoten kämmen Sie die Haare von unten etwas auf und schneiden sie um die Ballen herum kurz, falls sie nicht bei sehr guter Veranlagung zu zupfen sind. Dann kämmen Sie die oberen Haare nach unten und zupfen aus, was über die Pfoten hinaussteht. Denken Sie dabei an die gewünschten runden „Katzenpfoten" (Zeichnung 9b und d). *Filze* zwischen den Ballen sind mit einer kleinen, leicht gebogenen, vorn abgerundeten Schere herauszuschneiden. An den Körperseiten wurde unten noch Haar zum Ausgleichen stehengelassen (Zeichnung 4). Zupfen Sie hier mit den Fingern aus, was leicht herausgeht. Beobachten Sie, daß das schwarze Haar bei black and tanfarbenen Hunden im unteren Bereich häufig nur noch an den Spitzen schwarz ist und darunter tanfarben. Man muß also dieses Haar bis zum Beginn des Tan vollkommen austrimmen. Übertrimmen Sie auch gründlich die Unterseite der Brust. Zu lange Haare wie ein „Bootskiel" passen nicht zum Hund im Unterhaar. Bei der Gelegenheit prüfen Sie, ob sich in den Achselhöhlen keine Filze gebildet haben und schneiden Sie diese, wenn nötig, vorsichtig mit der Liliputschere heraus.

Die Hinterläufe wurden bereits übertrimmt (Zeichnung 4 und 5d), sodaß „Hosen" sicher nicht vorhanden sind, doch prüfen Sie von hinten, ob die Läufe gleich stark erscheinen. Kämmen Sie noch einmal das Haar auf und zupfen Sie, wo zuviel stehen blieb. Wenn das Haar hier überreif war und ganz ausgegangen ist, kann man nur hoffen, daß das neue Oberhaar bald nachwächst, damit die Hinterläufe wieder fülliger aussehen (Zeichnung 5g). Kämmen Sie das Haar an den Vorderseiten, wo es mitunter etwas fester sitzt, nach vorn und zupfen sie die längsten überstehenden Haare aus. Fassen Sie wenige auf einmal an den Spitzen, so wird auch ein fließender Übergang zu den Körperseiten gelingen (Zeichnung 10).

Lange Haare an den *Innenseiten der Läufe* lassen sich bei manchen Hunden auszupfen, sonst kürzt man sie mit der Haarschere, bei einem schmalen Hund mehr als bei einem breiter gebauten. Die Hoden darf man sehen, das Haar ist in der Umgebung kurz, doch nicht geschoren (Zeichnung 5g).

Die Rückseiten der Pfoten werden mit den Fingern geradegezupft, oder, bei weichem Haar, mit der Effilierschere geschnitten (Zeichnung 10). Wie man Mängel mit etwas Geschick für das Auge mildern kann, sehen Sie auf den einzelnen Zeichnungen und lesen Sie in den Tips kurz vor Kapitelende.

Es empfiehlt sich, den abgetrimmten Hund mit einer mittelfesten Naturhaarbürste zu pflegen. Das massiert und regt den Haarwuchs an. Um auch überständige Unterwolle herauszubekommen, benutzen Sie ein kleines Trimmesser als Kamm. Geben Sie acht, daß Sie nicht zuviel wegnehmen.

Da das Abtrimmen des gesamten Haarkleides für den Körper eine große Umstellung bedeutet, kann es vorkommen, daß einige Wochen vergehen, bis sich das neue Oberhaar zeigt. Nachwachsendes Flusenhaar wird nachgetrimmt.

Sobald das neue Haar eine gewisse Länge erreicht hat (etwa 2,5 bis 3 cm), können Sie mit der Behandlung beginnen, die Ihren Terrier über Monate gepflegt und in rassetypischer Form hält. Es gibt zwei Möglichkeiten und für beide ist *Regelmäßigkeit* wichtig.

Wenig Anstrengung erfordert das leichte Übertrimmen in kurzen Abständen (je nach Haartyp alle 8 Tage, 14 Tage oder 3 Wochen). Züchter und Aussteller halten ihre Hunde, die auf mehreren Ausstellungen gezeigt werden sollen, auf diese Weise über längere Zeit in guter Fellkondition.

Kämmen Sie das Haar hoch und zupfen Sie mit dem Strich überstehende, lockere Haare aus. Nach einer gewissen Wachstumszeit gehen immer wieder einige aus. Versuchen Sie es mit Daumen und Zeigefinger oder mit einem tiefer gezahnten, stumpfen Trimmesser, welches nur die abgestorbenen Haare und etwas Unterwolle herausnimmt. Dadurch erneuert sich das Haarkleid ständig und wird nicht zu lang. An den Hinterläufen (Zeichnung 12, schraffiert) zupfen Sie vorsichtig nur mit den Fingern, nicht zu viel. Die Hinterhand soll kräftig wirken, doch „Hosen" sind zu vermeiden.

Kopf und Hals machen Sie alle paar Wochen zurecht, wenn die Backen dick werden und die Ohren Fransen bekommen. Dabei übertrimmen Sie auch, am besten mit dem Trimmesser, *die Seiten des Halses* und *die Schulterpartie* (Zeichnung 10, Feld 1). Zwischen den verschiedenen Haarlängen wird mit dem Trimmesser oder (und) der Effilierschere sorgfältig ausgeglichen. Die Unterseite der Rute, die Gegend darunter (Zeichnung 5d), Bauchregion und Pfoten behandeln Sie wie beschrieben.

An den Läufen werden von Zeit zu Zeit überstehende Haare vorsichtig mit den Fingern ausgezupft. Die andere Möglichkeit ist wahrscheinlich gebräuchlicher, nämlich das regelmäßige Trimmen in Abständen von einigen Wochen; je nach Haarveranlagung etwa alle 8 bis 10 Wochen, dann beginnt das Haar meistens auszugehen. Die regelmäßige Behandlung regt den Haarwuchs an, und häufig wächst das neue Haar schon unter dem locker werdenden Deckhaar nach. Nach dem Trimmen kommt es zum Vorschein, noch kurz, aber fest und von intensiver Farbe. Man nennt das ständig nachschiebende Haar „rolling coat". Es hat den großen Vorteil, daß der Hund jederzeit sein schützendes Deckhaar hat, und nur selten einmal bis auf das Unterhaar abgetrimmt werden muß. Leider entwickelt sich nicht bei jedem Hund ein rolling coat, und das Haar geht immer wieder total aus.

Kopf und Hals, Rute, Pfoten usw. werden nach Bedarf auch in der Zwischenzeit zurechtgemacht. Wie schon am Anfang gesagt, wird bei Ausstellungshunden das Haar möglichst überall gezupft, doch auch bei „Nur-Familienhunden" empfiehlt es sich, an den Stellen, wo meist geschoren wird, z.B. am Kopf, vorher mit dem Trimmesser darüberzugehen, um vielleicht etwas Farbe und Festigkeit des Haares zu erhalten.

Jedes Haar ist ein wenig anders und muß individuell behandelt werden. Das gilt besonders für die Vorarbeiten für eine oder mehrere *Ausstellungen.*

Ob man ständig mit der beschriebenen Fellpflege auskommen kann, oder ob man seinen Hund vor der Ausstellungssaison bis auf das Unterhaar abtrimmen muß, hängt auch von der Haarveranlagung ab.

Da Rauhhaar nicht dem allgemeinen Haarwechsel im Frühjahr und im Herbst unterliegt, kann man das Abtrimmen so legen, daß das Haar zum richtigen Zeitpunkt in bester Verfassung ist, etwa in den Oktober/November oder erst in den Dezember, das kommt auf das Wachstum und die Termine an. Das Haar sollte am Körper ungefähr 2,5 bis 4 cm lang sein, je nach Größe des Hundes. Ein wenig kürzer oder länger ist unerheblich, wenn der Hund gut aussieht, doch ist es ratsam, ihn für die wichtigste Ausstellung in die beste Form zu bringen. Rechnen Sie für alle Fälle auch mit unregelmäßigem Haarwuchs, evtl. infolge einer Unpäßlichkeit oder wetterbedingt, darum trimmen Sie nicht zu spät.

Die Läufe und der Bart sind noch früher, vielleicht 4 Wochen, das ist Erfahrungssache, mit Daumen und Zeigefinger zur Auffrischung gründlich zu übertrimmen, nicht zuviel, aber mehr als gewöhnlich. Bis zur Ausstellung kämmen Sie, vorsichtig und nicht zu oft, besonders an den Läufen und zupfen von Zeit zu Zeit überstehende Haare aus.

Das nachwachsende Haar am Körper wird in den folgenden Wochen regelmäßig überarbeitet und der ganze Hund zwischendurch zurechtgemacht. Achten Sie dabei immer auf gute Übergänge vom Hals zum Rücken und vom Rücken zur Rute. Die verdickten Stellen auf Zeichnung 11 zeigen, wo das Haar länger sein muß, damit sich eine flüssige obere Linie ergibt. Am besten ist es, hier etwas früher als am ganzen Körper zu trimmen. Das sieht zwar für eine Weile merkwürdig aus, aber die spätere Wirkung ist entscheidend.

Etwa 4 Wochen vor der Ausstellung, das kommt auf das Haarwachstum an, trimmen Sie die Seiten des Halses und die Schulterpartie (Zeichnung 10, Feld 1) mit dem Trimmesser kurz, sodaß dann genügend Haar nachgewachsen ist, was aber noch nicht aufträgt.

Zu der Zeit übertrimmen Sie auch den Hinterkopf etwa vom Ohransatz an, damit das Haar für einen harmonischen Übergang zum Hals lang genug ist (Zeichnung 6c) und den oberen Teil des Halses. Das Haar soll hier etwas kürzer als auf dem Rücken sein und allmählich in das längere Haar übergehen (Zeichnung 11). Trimmen Sie 10 bis 14 Tage vor der Ausstellung die Unterseite des Halses, Wangen, Oberkopf und Ohren (Zeichnung 10, Feld 2) mit dem Trimmesser oder, wo es besser geht, mit den Fingern (Ohren) bis auf das Unterhaar, damit diese Partien termingerecht mit neuem, festem, noch ganz kurzem Haar bedeckt sind. Wenn Sie Ihren Hund ständig überarbeitet haben, wird sein Haarkleid frei von losen Haaren und überständiger Unterwolle sein und dementsprechend glänzen und gut anliegen.

Gehen Sie 2 bis 3 Tage vor der Schau noch einmal in Ruhe mit Kamm, Trimmesser und Effilierschere und hier und da mit den Fingern über alles und gleichen Sie aus und begradigen, wo es nötig ist. Nach dem Schütteln kommt manches zum Vorschein. Prüfen Sie auch von oben, ob die Übergänge fließend sind und an den Seiten und an den Läufen keine Haare wegstehen. Selbstverständlich wird die Bauchpartie nachgeschnitten. Auf dem Oberkopf gleichen Sie sorgfältig mit dem kleinen Trimmesser zum etwas längeren Haar am Hinterkopf aus oder überschneiden vorsichtig mit der Klippschere mit dem Strich. Leicht gewölbte Wangen kann man an der stärksten Stelle mit der Klippschere nachschneiden, ebenfalls mit dem Strich, so lassen sich auch leichter Stufen vermeiden.

Noch einige Tips: Wenn Ihr Terrier für seine Rasse etwas hohe Ohren hat, dann halten sie das Haar auf dem Oberkopf länger, doch ohne Übertreibung. Bei niedrigen Ohren trimmt man vor allem deren Ansatz kurz und läßt evtl. auf den Oberkanten mehr Haar stehen. Rückenlange Hunde wirken kürzer mit längerem Haar, auch an den Läufen und besonders an der Rückseite der Vorderläufe und an der Vorderseite der Hinterläufe. (Gilt nicht für Irish Terrier!)

Eine etwas steile Hinterhand sieht besser aus, wenn in der Sitzbeingegend das Haar nicht zu kurz getrimmt wird, sodaß optisch ein gewisser Schwung entsteht (Zeichnung 11). Beachten Sie auch die Vorschäge für das Ausgleichen von Mängeln der Rückenlinie und der Läufe.

Allgemeine Pflege:
Sie benötigen folgende Instrumente: Einen Terrierstriegel mit gebogenen Drahtborsten, eine nicht zu feste Naturhaarbürste für die Pflege nach dem Abtrimmen, einen mittelweiten Stahlkamm, für Notfälle einen Entfilzungskamm, eine Haarschere, eine Effilierschere und eine kleine gebogene, abgerundete Schere, außerdem drei Trimmesser: eins zum Abtrimmen des Oberhaars, ein tiefer gezahntes zum Übertrimmen und ein kleines Messer für die Feinarbeit an den Übergängen und am Kopf und zum Austrimmen von losem Unterhaar. Bei einem Einzelhund kommt man mit einer großen und einer kleinen Handklippschere gut aus. Für eine elektrische Maschine braucht man 2 oder 3 Scherköpfe (1 bis 2 mm, 3 mm und evtl. 7 bis 10 mm für Hunde, deren zu weiches Haar nicht getrimmt werden kann).

Bürsten Sie Ihren Hund zwei- bis dreimal in der Woche gründlich. Kämmen Sie den Bart und die Läufe vorsichtig, damit nicht ungewollt zuviel Haar „ausgetrimmt" wird. Bürsten Sie auch unter den Achseln, wo leicht Filze entstehen. Der Bart wird nach dem Fressen von Feuchtfutter gewaschen und etwas abgetrocknet. Nicht gleich kämmen, es könnte Haar dabei ausgehen.

Die Augen putzen Sie morgens trocken zum inneren Augenwinkel hin aus. Bei Erkrankungen zum Tierarzt!

Die Ohren - falls Haare in den Gehörgängen wachsen, werden sie von Zeit zu Zeit mit den Fingern oder einer Pinzette ausgezupft. Man kann manchmal einen milden Ohrreiniger hineingeben. Die Ohrmuschel ist sauber zu halten. Entzündungen, Infektionen usw. lassen Sie vom Tierarzt behandeln.

Die Zähne - man kann sie regelmäßig, vielleicht einmal in der Woche, mit einer Zahncreme für Kleintiere putzen, um der Zahnsteinbildung entgegen zu wirken. Wenn der Hund Vertrauen hat, sodaß er daran zu gewöhnen ist, läßt sich Zahnstein mit einem Spezialhäkchen mit leichtem Druck gut entfernen.

Die Krallen müssen, wenn sie sich nicht natürlich genügend abnützen, von Zeit zu Zeit gekürzt werden, um die richtige Pfotenstellung (Katzenpfoten) zu erhalten. Schneiden Sie nur die Spitzen. Prüfen Sie auch die Kralle der 5. Zehe, falls diese nicht beim Welpen entfernt wurde.

Baden ist bei gutgepflegten Rauhhaarhunden selten nötig. Manchmal ist es natürlich nicht zu umgehen. Baden vor dem Trimmen ist überflüssig, außerdem geht das Haar danach nicht so gut heraus. Auch kurz vor einer Ausstellung ist es nicht ratsam, den Hund zu baden, weil das Haar zu wellig wird und nicht mehr gut anliegt. Baden im Freien ist vor einer Ausstellung ebenfalls zu vermeiden. Sie könnten aber ein Spezialshampoo für Rauhhaarige verwenden, wenn gebadet werden müßte.

Mängel lassen sich zwar nur bedingt unter Haar verstecken, doch warum soll man sie besonders freilegen? Versuchen Sie also, mit kleinen Tricks das Beste aus Ihrem Hund zu machen. Die Zeichnungen zeigen, wie durch Längerlassen, bzw. Kürzen des Haars an den richtigen Stellen manches etwas ausgeglichen werden kann, auf jeden Fall für Ihr Auge. Vor einem geschulten Richterauge hingegen finden höchstens kleine Schwächen, die jeder hat, Gnade.

Zeichnung 1: Foxterrier:

Zeichnung 2: Gepflegter Junghund

Zeichnung 3: Welsh Terrier.

Zeichnung 4: Welsh Terrier als Musterhund.

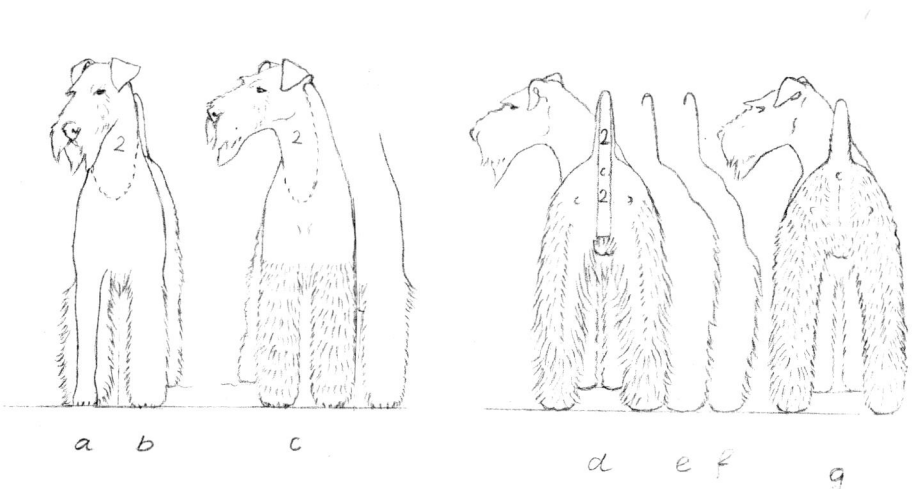

Zeichnung 5: Front und Hinterläufe beim Musterhund.

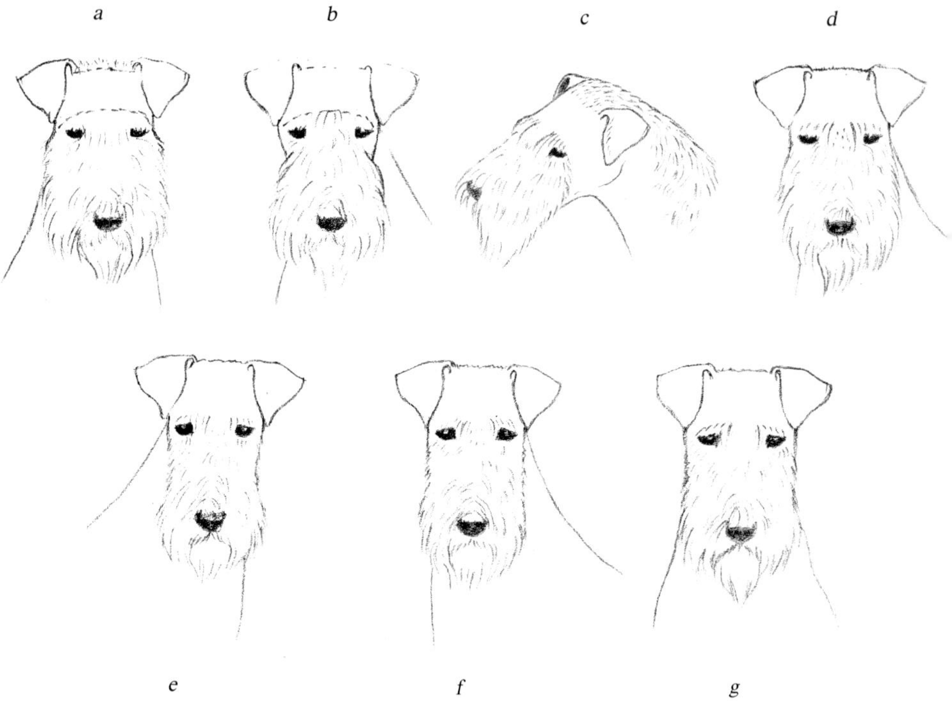

Zeichnung 6: Kopf von vorne.

Zeichnung 7: Kopf im Profil.

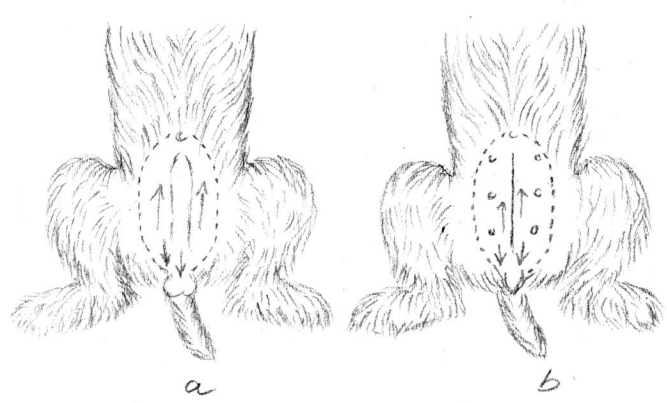

Zeichnung 8: Die empfindlichen Stellen

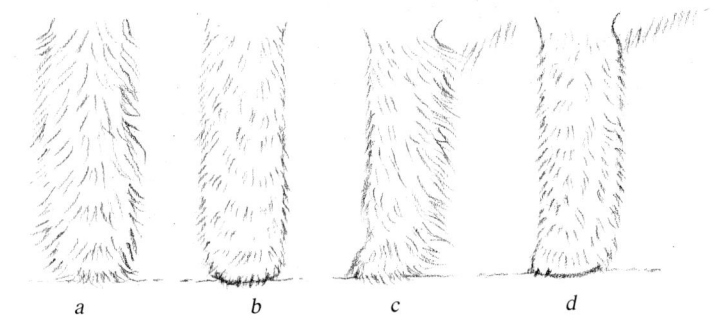

Zeichnung 9: Vorderläufe.

Zeichnung 10: Fließende Übergänge.

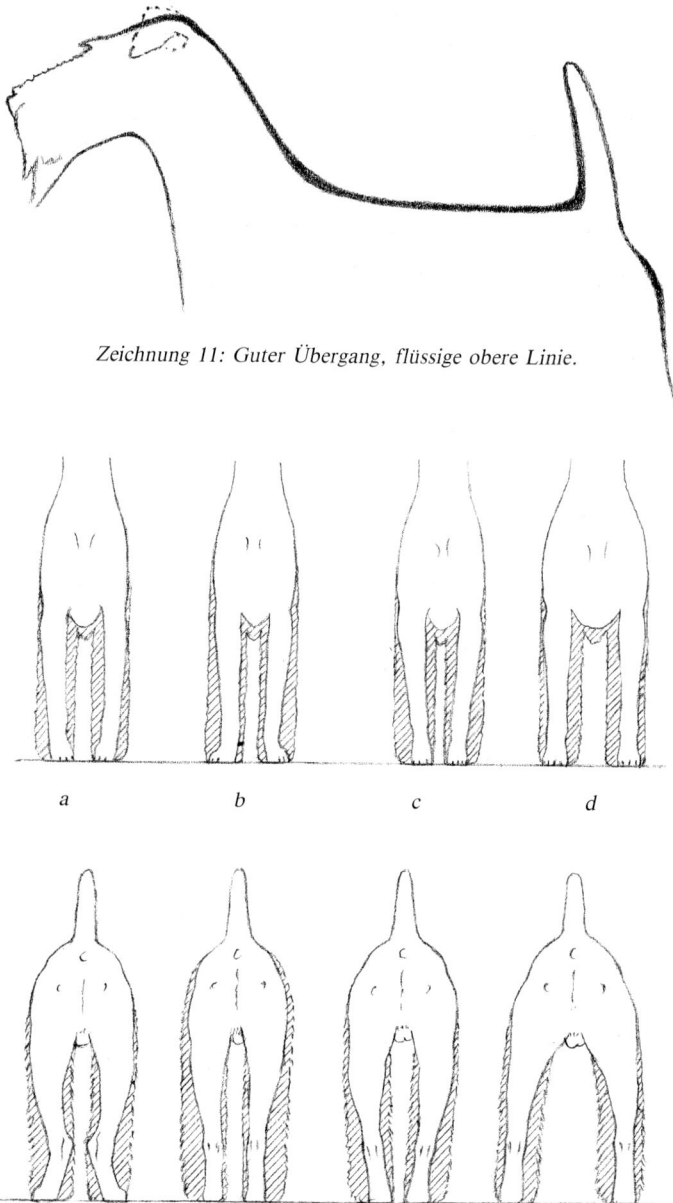

Zeichnung 11: Guter Übergang, flüssige obere Linie.

Zeichnung 12: Korrigieren von Fehlern.
a = nach innen gedrehte Pfoten
b = enge Front und nach außen gestellte Pfoten
c = pfoteneng
d = zu breite Front

e = hackeneng
f = sehr eng
g = pfoteneng
h = zu breit

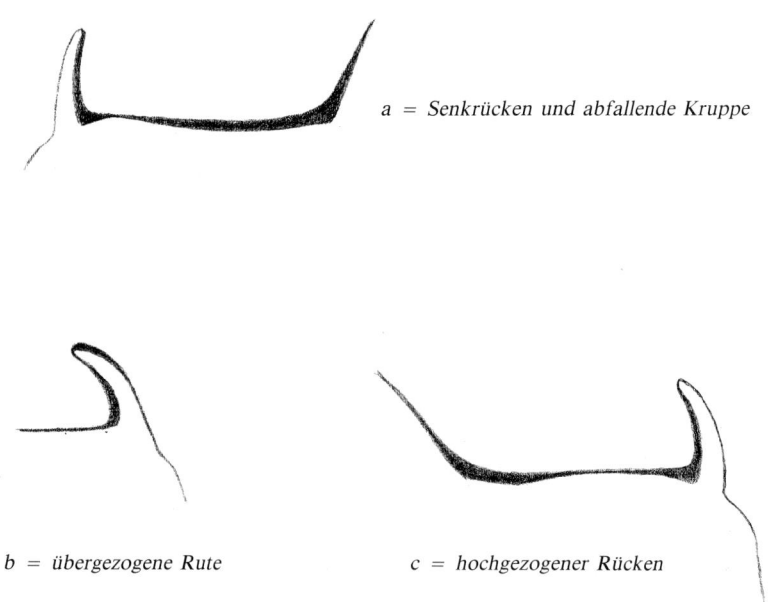

a = Senkrücken und abfallende Kruppe

b = übergezogene Rute   c = hochgezogener Rücken

Zeichnung 13: Korrektur Rückenlinie.

2. AIREDALE TERRIER

Der »König der Terrier«, wie er seiner Größe wegen auch genannt wird, stammt aus dem Tal der Aire in Mittelengland, nordwestlich von Leeds und Bradford. Im letzten Viertel des 19. Jahrhunderts züchteten hier jagdbegeisterte Bergleute und Mühlenarbeiter aus verschiedenen Rassen und Kreuzungen Hunde, welche sie vielseitig gebrauchen konnten. Natürlich waren diese in Größe, Farben und Haarart sehr unterschiedlich, aber - sie hatten meist Terriercharakter, trotz der Einkreuzung von Otterhounds.

Man einigte sich bald auf ein Zuchtziel und verbesserte die Rasse ständig. Schon 1891 wurde sie vom englischen Kennelclub anerkannt.

Mit einer Schulterhöhe bis 62 cm für Rüden ist der Airedale im Vergleich zu anderen Terrierrassen sehr groß, was aber seinem Allroundtalent, das die alten Züchter für diesen Arbeitshund angestrebt hatten, nicht entgegensteht. Ob als Sanitäts- und Meldehund (besonders im 1. Weltkrieg), als Jagdhund oder Schutzhund, der Airedale Terrier hat sich bis heute bewährt. Für sein

Trimming und seine Pflege gilt, was allgemein über die rauhhaarigen Hochläufer gesagt wurde.

Es ist etwas anstrengend und braucht Zeit, einen Airedale zu trimmen, darum wird leider viel geschoren, natürlich Kopf, Ohren und Unterseite des Halses - häufig der ganze Hund. Das ist schade, weil meistens das Tan (Loh) zu beige verblaßt, der schwarze oder grizzle Sattel gräulich wird, und das Haar seine Festigkeit verliert.

Airedale-Besitzern ist zu empfehlen, in Etappen zu arbeiten, besonders, wenn der Hund ganz abzutrimmen ist, und das nachwachsende Haar öfter und regelmäßig zu übertrimmen. Die Hunde sind auf diese Weise leichter in Form zu halten.

Kopf, Hals, die hinter Partie und die Pfoten sind zeitlich entsprechend zurechtzumachen. Bei Airedales, die nicht ausgestellt werden, kann man mehr mit der Klippschere arbeiten, doch den Oberkopf und vielleicht auch die Oberseite der Ohren sollten Sie zupfen. Wenn Sie beim Welpen damit anfangen, kann sich evtl. auch weicheres Haar hier festigen und später gut trimmen lassen.

Viele Airedales behalten zu lange Haare an den Läufen. Vorteilhafter sehen die sportlichen Hunde mit etwas kürzer, aber dichtbehaarten Säulenbeinen aus. Zupfen Sie also von Zeit zu Zeit vorsichtig rundherum - besonders vorne - die längsten Haare aus. Das regt auch das Haarwachstum an.

Manchmal kommt bei Airedales ein »wooly coat« vor, ein Erbe aus der Frühzeit. Es ist weich und blaß in den Farben und manchmal sehr üppig. Während das Tan immer sehr hell ist, kann der Sattel auch schwarz sein. Meistens hellt sich das dunkle Haar auf Schulterpartie und Hinterhand mit dem Erwachsenwerden ein wenig auf.

Man sollte das Trimmen ausprobieren, denn jedes Fell ist anders. Wenn es keine Besserung bringt und der Hund gequält wird, dann scheren Sie mit dem Strich mit der großen Klippschere oder elektrisch mit ca. 7 mm-Scherkopf. Gleichmäßig geschoren, mit fließend geschnittenen Übergängen, wird Ihr Hund sehr gut aussehen. Versuchen Sie, an Augenbrauen, Bart und Läufen immer zu zupfen. Es ist möglich, daß das Tan dadurch allmählich etwas intensiver wird.

Für Zucht und Ausstellung sind Airedales mit »wooly coat« nicht geeignet.

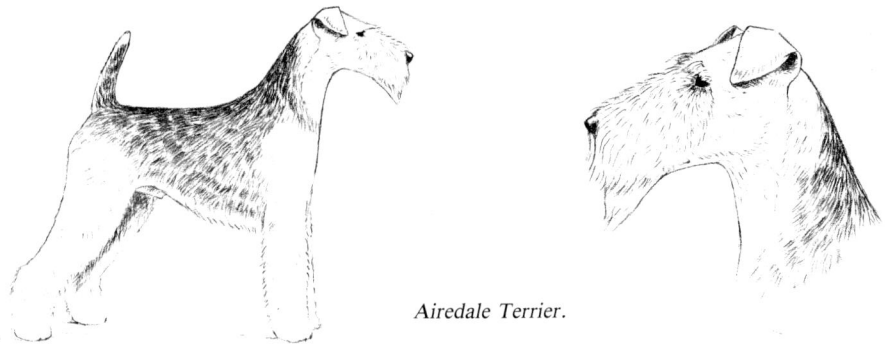

Airedale Terrier.

3. IRISH TERRIER

Einer der Nationalhunde Irlands, trat bereits in den 70er Jahren des 19. Jahrhunderts auf Ausstellungen in Irland, England und Schottland in das Licht der Öffentlichkeit, noch unausgegoren und uneinheitlich in Größe, Farbe (manche waren auch weiß) und Typ. Frühe Irish, Kerry Blue und Softcoated Wheaten Terrier hatten mitunter verblüffende Ähnlichkeit. Es war noch alles »drin« bis sich die Züchter festlegten. Sicher haben einige Ausnahmehunde, deren Typ und Wesen den Vorstellungen der Züchter in den einzelnen Grafschaften entsprachen, auch mit ihren Farben zur Entwicklung dieser schönen Rassen beigetragen. Ein berühmter Ahn der Irish Terrier war rot!

1879 wurde der Irish Terrier Club mit Sekretariaten in Irland und England gegründet, und Ende des 19. Jahrhunderts erreichten die Züchter, daß das bis dahin übliche Kupieren der Ohren verboten wurde.

Irish Terrier.

Irish Terrier haben festes, anliegendes Deckhaar mit feinem, dichtem Unterhaar. Ihre Farbe variiert von kräftigem Rot bis Weizenrot. Das Haar hat nicht die attraktive Länge wie das anderer Terrier, doch gerade das knappe Haarkleid betont die flüchtige, doch sportlich kräftige Erscheinung. Charakteristisch ist der deutlich längere Rücken. Die Schulterhöhe liegt bei etwa 45 cm. Das Trimming entspricht in den Grundzügen dem der anderen Hochläufer.

Übertrimmen Sie Ihren Irish regelmäßig wie beschrieben, um ihn in der gewünschten Form zu halten. Wenn das Haar korrekt ist, entwickelt sich beim Irish ohne viel Mühe ein »rolling coat«.

Gutes Haar sollte überall getrimmt werden, auch vorn am Hals, an Kopf und Ohren, an der Unterseite der Rute und unten an den Pfoten. Wenn man stellenweise schneidet, wird das Fell fleckig aussehen, weil die intensive Farbe in der oberen Zone sitzt, die abgeschnitten wird. Für Ausstellungshunde sind Scheren sowieso verpönt.

Achten Sie beim Herrichten des Kopfes darauf, daß Sie keine Haare unter den Augen wegnehmen, sodaß der Kopf eingefallen wirkt. (Beachten Sie die Zeichnungen beim »Musterhund Welsh Terrier«.) Nur vor den Augen werden einzelne Haare, die den Blick verdecken, ausgezupft. An den Seiten gleichen Sie vorsichtig mit einem kleinen Trimmesser oder den Fingern unterhalb der äußeren Augenwinkel aus. Sollte der Bart etwas zu üppig sein, vielleicht bei weicherem Haar, wird er durch Auszupfen der längsten Haare der Stärke der Wangen angepaßt.

Das Haar an den Läufen wird von Zeit zu Zeit übertrimmt, d.h. die längsten, lockeren Haare werden mit den Fingern ausgezupft. Das dichtere Haar auf den Gelenken der Vorderhand fällt beim Irish besonders auf. Gleichen Sie es dem anderen Haar an. Zu langes, meist weicheres Haar an den Läufen ist nicht typisch. Man kann es durch häufiges Übertrimmen schon in der Jugend allmählich verbessern.

Besonderheiten: Jungtiere mit guter Haaranlage können in der Zahnwechselzeit weiches, weißes Haar auf dem Kopf und an den Läufen bekommen, manchmal sogar am ganzen Körper, ein Erbe aus der Frühzeit. Es muß mit den Fingern sorgfältig ausgezupft werden, dann kommt das Haar in Ordnung.

Vereinzelt haben Irish Terrier ein ungewöhnlich leicht ausfallendes Haar (Pick out). Da hilft nur häufiges leichtes Übertrimmen, ganz vorsichtig, damit der Hund nicht nackt wird.

Für Ausstellungen. Wenn sich durch regelmäßiges Übertrimmen in kurzen Abständen das Haar ständig erneuert oder sich ein »rolling coat« entwickelt hat, ist ein Irish Terrier ohne große Schwierigkeit in Kondition zu bringen. Die ideale Haarlänge von ca. 2,5 cm ist natürlich nicht für jede Ausstellung zu erreichen. Wenn Sie mehrere besuchen spielt etwas kürzer oder länger keine Rolle, solange der Hund gut aussieht.

Kopf und Ohren und die Unterseite des Halses müssen nach eigener Beobachtung entsprechend früh abgetrimmt werden, damit das neue feste Haar termingerecht frisch nachgewachsen ist. Wieviel Haar Sie an den Läufen, besonders an den Vorderläufen, stehen lassen, richtet sich nach dem Typ des Hundes. Ein etwas zierlicher Irish Terrier wird mit mehr Haar, falls vorhanden, kräftiger wirken. In Amerika wird das Haar an den Läufen kurzgetrimmt gewünscht.

4. LAKELAND TERRIER

Mit ca. 36 cm Schulterhöhe ist er einer der kleinsten Hochläufer, stammt aus dem Lake District zwischen Cumberland und Westmoreland im Nordwesten Englands. Er ist aus Kreuzungen hervorgegangen. Das Ziel der Züchter war ein kleiner, harter Arbeitsterrier, und als solcher wird er in seiner Heimat bis heute für die Jagd gebraucht.

Der Name »Lakeland Terrier« wurde der Rasse bei einem Treffen 1912 gegeben, aber erst 1921 wurde die Lakeland Terrier Association gegründet. In den späten 20er Jahren begannen Züchter, aus dem Arbeitshund einen eleganten Terrier zu formen, zum Leidwesen der alten Züchter, sie hatten dabei nicht immer eine glückliche Hand. Im Laufe der Jahre hat sich aber der Typ gefestigt, und heute stehen die Lakelands auf beachtlichem Niveau. Auch durch ihr gutes Wesen haben diese kleinen Terrier inzwischen viele Freunde in aller Welt gefunden.

Zeichnung 1: Lakeland Terrier.

Charakteristisch für den Lakeland Terrier ist seine Farbenvielfalt: rot, liver, wheaten, redgrizzle, black and tan und blue and tan, wobei die Farbgrenzen verwischt sind, black und blue. Auch dadurch unterscheidet er sich vom größeren Welsh Terrier. Bei einem black and tan-farbenen allerdings kommt der Laie schon in Schwierigkeiten, ebenso bei einem ganz schwarzen Lakeland, der auf den ersten Blick Ähnlichkeit mit einem Zwergschnauzer mit natürlichen Ohren hat.

Der im Vergleich zum Welsh etwas breitere und kürzere Kopf schließt aus, ihn besonders gestreckt herauszubringen. Der Bart darf etwas fülliger wirken, den Wangen entsprechend, doch er muß an den Seiten wie bei den anderen Terriern gut ausgeglichen werden, ebenso nach unten.

Die Augenbrauen werden in der Mitte nicht geteilt. Die gepunktete Linie auf Zeichnung 2a zeigt die in Amerika bevorzugte Version, in Europa läßt man die Augenbrauen heute wie bei den anderen Rassen von einem äußeren Augenwinkel zum anderen in einer Linie stehen (Zeichnung 2b).

Zeichnung 2a *Zeichnung 2b*

Der Oberkopf und möglichst auch die Ohren sollten getrimmt werden, wenn eine gute Haaranlage vorliegt, schon wegen der Farbe und des Kontrastes zu den helleren Augenbrauen und dem Bart. Bei Ausstellungshunden werden auch Halsunterseite und Wangen getrimmt.

Für den Lakeland ist besonders zu empfehlen, ihn nicht nur als Ausstellungsvorbereitung häufig und regelmäßig zu übertrimmen, um zu üppiges, das Deckhaar manchmal überwachsendes Unterhaar (ein Bedlingtonerbe) zu entfernen, und somit das feste Haarkleid in frischen Farben zu erhalten.

5. FOXTERRIER

Dieser Hund ist im rauhen wie im glatten Fell ein Modellterrier. Beide Varianten sollen die gleiche Anatomie haben, mit kleinen Abweichungen. Populärer wurde schon früh der »Drahthaarfoxterrier«. Sein Trimming entspricht dem der anderen rauhhaarigen Hochläufer; er war sogar ursprünglich für die meisten Vorbild (Zeichnung 1).

Der Foxterrier hat den längsten Kopf im Verhältnis zu seiner Körpergröße, der Fang ist wenig länger als der Schädel. Dadurch und vor allem durch die Farben unterscheidet er sich von den anderen Rassen schon auf den ersten Blick.

a) DRAHTHAAR FOXTERRIER

Der Kopf darf bei der Länge nicht zu schmal oder gar schwächlich und muß bis vorn gut ausgefüllt sein. Zu lange Haare am Fang stören. Man übertrimmt sehr vorsichtig die Partie vor den Augen, »Haar für Haar«, die längsten mit den Fingern, damit das Haar fest und dicht wird. Es dürfen keine Einbuchtungen entstehen. Früh genug vor einer Ausstellung beginnen! (Zeichnung 2 und 3) Der Bart wird etwas übertrimmt, damit er nicht zu groß ist und womöglich nach den Seiten wegsteht. Er soll die elegante Halslinie fortführen. Dadurch erscheint der Kopf des Drahthaarfoxterriers länger als der des glatthaarigen Foxterriers.

Die Länge der Augenbrauen richtet sich nach Größe und Farbe der Augen. Ein etwas helleres Auge braucht mehr »Bedeckung« als ein kleines dunkles.

Bei Ausstellungshunden werden Kopf, Ohren und Halsunterseite auf jeden Fall getrimmt. Bei Familienhunden mit gutem Haar sollte es vor allem da, wo Farbe ist, versucht werden. Durch Scheren verblaßte Farben nehmen dem Foxterrier viel von seiner Schönheit. Für den »Hausgebrauch« wird gewöhnlich an der Unterseite des Halses, an den Backen und den Innenseiten der Ohren geschoren, sonst sollte die Klippschere nur bei wirklich weichem Haar verwendet werden. Durch Scheren weichgewordenes, verblaßtes Haar ist durch häufiges Trimmen allmählich wieder in Ordnung zu bringen.

Vor einer Ausstellung kann man das weiße Haar, wenn nötig, etwas kreiden. Am Abend vorher wird in das angefeuchtete Haar ungereinigte Schlämmkreide (aus der Apotheke) eingerieben und, sobald trocken, gut ausgebürstet. Das Haar wird dadurch auch schmutz-abstoßend.

Zeichnung 1: Drahthaar Foxterrier

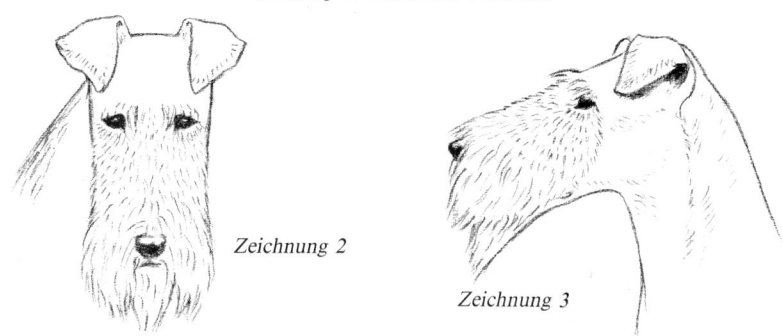

Zeichnung 2

Zeichnung 3

b) GLATTHAAR FOXTERRIER

Dieser Schlag wird nicht getrimmt, sein anliegendes Haar mit dichtem, feinem Unterhaar wechselt von allein. Es muß täglich mit einer festen Borstenbürste auch gegen den Strich gebürstet und gekämmt werden. Ein Handschuh mit Gumminoppen ist außerdem gut für die Massage. Aber so fein gemeißelt, wie ein Glatthaarfox im Ausstellungsring erscheint, ist er von Natur aus meistens nicht beschaffen. Am Hals, an der Rückseite der Vorderläufe, an den Hinterschenkeln, und besonders an der Rute wachsen längere Haare, welche die klaren Linien stören. Für eine Schau ist es nötig, ihn mit Fingerspitzengefühl mit Trimmesser, Effilierschere, Haarschere und Klippschere (oder elektr. Maschine) zu »modellieren«. Doch auch für den »Hausgebrauch« sollten Sie Ihren Hund von Zeit zu Zeit verschönen.

Wenn Sie ausstellen wollen, beginnen Sie etwa drei Wochen vor der Schau mit der Vorbereitung. Die langen Fransen an den *Vorderläufen* werden abgetrimmt oder mit der Effilierschere gekürzt, mit Maß, passend zur Stärke der Läufe, die nicht zu dünn erscheinen dürfen, ebenso an der Rückseite der *Hinterläufe,* um die Winkelung hervorzuheben. Sie können hier auch mit Klippschere oder Maschine von den Hacken nach oben, nicht zu kurz schneiden und nach den Seiten mit der Effilierschere ausgleichen.

Glatthaar Foxterrier

An der *Hinterpartie* werden die abstehenden Haare, die den Hund optisch verlängern, mit der Effilierschere kurz geschnitten, ebenso das buschige Haar an der Rückseite der *Rute*. Achten Sie darauf, daß diese von unten bis oben gleichmäßig stark aussieht.

Die *Pfoten* sollen klein und geschlossen sein, wie Katzenpfoten. Alle überstehenden Haare werden rund um die Ballen geschnitten, auch unten zwischen den Ballen, nicht zu kurz. Schneiden Sie die Nägel regelmäßig ein wenig, damit die korrekte Pfotenstellung gewährt bleibt.

Der *Hals* muß elegant sein. Um das beste herauszuholen, schert man das Haar an der Unterseite gegen den Strich, in den Unterkiefer verlaufend und evtl. auf den Backen, wo das meist dichter und länger wachsende Haar einen stärkeren Kopf noch breiter macht. An den Halsseiten und am Kopf sind gute Übergänge zum längeren Haar mit der Effilierschere zu schneiden und bei einem sehr muskulösen Hals vorsichtig etwas auszudünnen.

Die *Front* wirkt straffer, wenn wegstehende oder auf der *Schulterpartie* auftragende Haare mit der Effilierschere (evtl. über den Kamm) gekürzt werden.

Am *Oberkopf* ist kaum etwas zu tun.

Die *Ohren* schneiden Sie innen mit einer abgerundeten Schere oder einer kleinen Klippschere kurz - und außen, wenn nötig, mit Schere oder Effilierschere mit dem Strich. Die Ränder versäubern Sie mit der Schere zur Spitze hin. Etwas schwierig ist vielleicht tanfarbenes Haar gleichmäßig zu schneiden, weil es am Grund heller ist. Doch mit der Effilierschere werden die Übergänge unauffällig.

Sehr wichtig ist das tägliche Bürsten und Kämmen mit einem feinen Kamm bis auf den Grund, damit loses Unterhaar entfernt wird. Ab und zu etwas Kreiden des weißen Haares und gutes Ausbürsten danach gibt ihm noch mehr Glanz.

Etwa eine Woche vor der Ausstellung gehen Sie noch einmal mit prüfendem Blick über Ihren Hund, beobachten ihn von allen Seiten, von oben und in der Bewegung, schneiden überstehende Haare ab, vorsichtig auch die Tasthaare am Fang, und gleichen mit der Effilierschere kleine Unebenheiten aus.

6. DEUTSCHER JAGDTERRIER

Diese Rasse wurde als reiner Gebrauchshund aus Welsh Terrier und Foxterrier gezüchtet, ist seit 1920 anerkannt und steht fast nur im Besitz von Jägern.

Die meisten Jagdterrier sind schwarz mit roten Abzeichen, seltener braun. In den Würfen fallen rauhhaarige und glatthaarige Hunde. Gewünscht werden vor allem knapp rauhhaarige mit Bart, die, wie die glatthaarigen, außer Bürsten keiner besonderen Behandlung bedürfen.

Doch es gibt auch Jagdterrier mit längerem Fell, und das braucht von Zeit zu Zeit, meist im Frühjahr und im Herbst, ein gründliches Austrimmen des alten überständigen Haares am ganzen Körper, am Kopf und an den Ohren, wenn es geht mit den Fingern, sonst mit einem stumpfen Trimmesser.

Bart und Augenbrauen bleiben stehen. Sie sind, wie auch das Haar an den Läufen, kaum so füllig wie z.B. bei einem Welsh Terrier. Längere Fransen an der Rückseite der Vorderläufe werden ausgezupft. Auf keinen Fall darf dieser Arbeitsterrier geschoren werden, sein Fell könnte weich und lockig werden und die Farben verblassen.

Die Schere ist nur erlaubt für die Pfoten unten und alle empfindlichen Stellen, evtl. auch für die Rückseite der Rute, wenn Rupfen nicht möglich ist. Beachten Sie auch die Beschreibung bei »Terrier - Hochläufer« und Glatthaarfoxterrier.

Jagdterrier in der gewünschten Haarverfassung.

7. BORDER TERRIER

Diese Rasse wurde im schottisch-englischen Grenzgebiet gezüchtet, hat ihren Arbeitsterriertyp bis heute bewahrt. Modisches Trimming ist für diesen Naturburschen mit dem besonderen Charme nicht nötig.

Sein hartes, anliegendes Haar mit dichter Unterwolle in den Farben rot, weizen, grizzle (meliert) mit tan (lohfarben) oder blue (blau) mit tan braucht jedoch regelmäßige Pflege. Ein Border muß täglich gebürstet werden, außerdem sollte man ihn alle 14 Tage bis 3 Wochen übertrimmen. Das ist kein besonderer Aufwand, denn die lockeren, etwas überstehenden Haare lassen sich leicht mit Daumen und Zeigefinger auszupfen. Er haart dann nicht und hat immer ein frisches Fell.

Man beginnt mit dem Trimmen, sobald das Welpenhaar gut heraus geht, wenn der Hund 5 Monate alt ist oder schon früher. Es wird am besten mit den Fingern am ganzen Körper bis auf die Unterwolle ausgezupft. Wo es etwas fester sitzt, an der Unterseite des Halses und unter der Rute, kann man auch ein stumpfes Trimmesser zu Hilfe nehmen. Die Schere wird nur für die Bauchregion benutzt und um den After sauber zu halten, wenn Rupfen schwierig ist.

Überfordern Sie Ihren jungen Hund nicht mit zu langem Stillhalten. Wenn Sie das erste Abtrimmen in Etappen machen, wird er es sogar als besondere Zuwendung empfinden.

Zeichnung 1

Zeichnung 2

Zeichnung 3
Zwischen den Augen nimmt man Haare weg.

Zeichnung 4

An Kopf und Ohren zupfen Sie sorgfältig mit den Fingern alles alte Haar bis auf die Augenbrauen und den Bart aus. Die Augenbrauen werden übertrimmt, sie sollen nicht zu lang sein. Auch der Bart wird, besonders unten gekürzt, aber mit Maß. Bei älteren Hunden wachsen mitunter üppige Bärte, die an Schnauzer erinnern, doch der Borderkopf soll mehr dem eines Otters ähneln. Zwischen den Augen nimmt man Haare weg, um den Stop ein wenig zu betonen und die Augen frei zu machen.

An den Vorderläufen wird alles lockere Haar ausgezupft. An den Rückseiten, auch der hinteren Läufe, dürfen keine Fransen das gepflegte Bild stören. Nur unten an den Pfoten können überstehende Haare geschnitten werden.

Die kräftige Rute wird rundherum getrimmt, sodaß sie in eine Spitze zuläuft. Wenn die langen Haare an der Unterseite schlecht herausgehen, kann man nach dem Übertrimmen mit der Effilierschere darüber gehen.

Sobald das neue Deckhaar gut nachgewachsen ist, beginnt man damit, es in regelmäßigen Abständen, wie beschrieben, leicht durchzutrimmen. Auch an Kopf und Ohren wird überständiges Haar immer wieder sorgfältig ausgezupft.

Ein Border, der ständig gepflegt wird, braucht für eine Ausstellung nur noch durch Auszupfen aller überstehenden Haare wenig überholt zu werden.

Schwer ausgehende Haare, welche die Linie verwischen, etwa an den Seiten des Halses, wo das Fell gegeneinander wächst, am Hinterteil und an der Rutenunterseite, kann man zuletzt mit der Effilierschere schneiden. Man sollte dort aber später wieder wegen der Farbe rupfen.

Zweimal im Jahr ist auch ein Border ganz abzutrimmen. Wer seinen Hund ausstellen will, muß die Ausstellungstermine einkalkulieren, damit das Haar dann nicht zu kurz ist. Dabei lassen sich auch kleine Schwächen korrigieren. So verträgt z.b. ein etwas leichter Hund eine dickere Hacke und mehr Haar an den Läufen als ein robusterer.

Allgemeine Pflege: Täglich bürsten mit einer festen Borstenbürste. Pferdestriegel haben sich gut bewährt für den erwachsenen Hund. Junge Hunde werden mit einer weicheren Borstenbürste gepflegt.

In den Ohren wachsen gewöhnlich nur wenige Haare. Auszupfen ist kaum nötig. Die Augen werden trocken ausgeputzt.

Baden: selten, nur nach Bedarf.

Geräte für das Trimmen: Trimmesser, Haarschere und Effilierschere.

8. SCHWARZER RUSSISCHER TERRIER

Das ist ein imposanter, großer, rauhhaariger Hund mit ausgeglichenem, unbestechlichem Wesen. Er wurde in Rußland aus Riesenschnauzer, Airedaleterrier, Rottweiler und Neufundländer gezüchtet, um bestimmte Eigenschaften dieser Rassen in einem Hund für besondere Aufgaben zu vereinen. Die sehr widerstandsfähigen Hunde tun beim russischen Grenzschutz und beim Zoll Dienst.

1981 wurde die Rasse vom russischen Landwirtschaftsministerium anerkannt, 1984 auch von der FCI. Seit 1982 sieht man die »Schwarzen Russen: auch bei uns immer häufiger.

In Rußland werden junge Hunde erstmalig nach dem 7. Monat getrimmt, das hängt auch von der Witterung ab. Wenn das Deckhaar heraus geht, kann man in unseren Breiten schon eher Hand anlegen. Das Unterhaar schützt noch genügend. Kopf und Hals sollten auf jeden Fall, auch zur Gewöhnung, schon früher in Form gebracht werden. Die Pfoten sind rund zu schneiden und die Unterseite der Rute, Hinterteil und Bauchregion kurz zu halten.

Für das erste vollständige Abtrimmen richten Sie sich bitte nach Zeichnung 1. Zupfen Sie das überständige Deckhaar am Körper (1, Feld 1) mit Daumen und Zeigefinger oder einem stumpfen Trimmesser, je nach Haarveranlagung, in Wuchsrichtung aus. Trimmen Sie auch den Oberkopf und die Oberkanten der Ohren, die in einer Linie mit dem Schädel verlaufen sollen (Zeichnung 2). Nehmen Sie sich Zeit für die Arbeit und legen Sie Pausen ein, auch um den jungen Hund bei Laune zu halten. Schneiden Sie die Felder 2 auf Zeichnung 1, *Hals, Kehle* und die *hintere Partie* gegen den Strich mit der großen Handklippschere oder mit der elektrischen Maschine mit 3 mm Scherkopf, die Unterseite der *Rute* mit dem Strich (von unten nach oben).

Scheren Sie nun die Innenseiten der *Ohren* gegen den Strich und die Oberseiten in Wuchsrichtung. Die Ränder begradigen Sie vorsichtig mit der Haarsche-

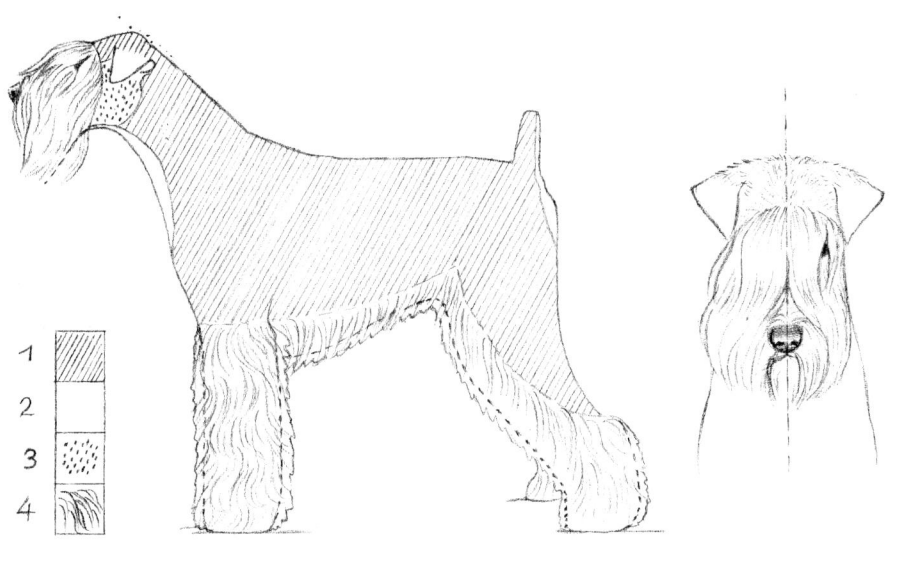

Zeichnung 1

Zeichnung 2

a b

Zeichnung 3

Zeichnung 4a   *Zeichnung 4b*

re zur Spitze hin. Das Haar auf den *Wangen* (Feld 3) wird auf ca. 1 cm geschnitten, entweder mit der großen Klippschere, die Sie im entsprechenden Abstand über das aufgekämmte Haar führen, oder mit dem 7 mm Scherkopf mit dem Strich. Beachten Sie, daß hier nicht wie bei den meisten Terriern bis zum Augenwinkel geschnitten wird. Im unteren Teil gehen Sie etwa bis zu den Mundwinkeln vor.

Der Bart (Feld 4) soll groß und eindrucksvoll sein, doch er darf nicht nach den Seiten wegstehen. Durch sorgfältiges Ausgleichen mit der Effilierschere bekommt der *Kopf* die gewünschte rechteckige Form (Zeichnung 2 re.).

An den *Läufen* und an der *Brust* bleibt das Haar lang (Feld 4), wird aber passend zu der Kurzhaarfrisur übertrimmt. Gleichen Sie gut zwischen dem kurzen und dem langen Haar aus, durch Zupfen mit den Fingern oder mit dem Trimmesser, evtl. bei weicherem Haar mit der Effilierschere. Bei jungen Hunden mit kürzerem, unfertigem Haarkleid macht es noch nicht viel Mühe. Die Haare an den Innenseiten der *Hinterläufe* werden mit der Haarschere auf ein bis zwei cm gekürzt (Zeichnung 3a re. und 4a re.).

Scheren Sie die *Bauchregion* mit der Klippschere oder elektrisch mit dem 3 mm-Scherkopf mit dem Strich, sehr vorsichtig natürlich an den empfindlichen Stellen, bis zur Nabelgegend, und schneiden Sie das *Brusthaar* von hinten nach vorn, die tiefe Brust betonend, doch nicht extrem, passend zur Gesamthaarlänge (Zeichnung 1, gepunktete Linie).

Die *Pfoten* werden rund umschnitten, so, daß die Nägel nicht zu sehen sind. Der große Hund soll dicke Tatzen haben. Filze, die sich zwischen den Ballen bilden können, sind herauszuschneiden. Für die Pflege ist außer Kamm und Drahtbürste eine Naturhaarbürste zu empfehlen, solange das Körperhaar sehr kurz ist.

Der erwachsene Hund, dessen Deckhaar die Länge von ungefähr 10 cm erreicht, wird in der gleichen Weise zwei bis vier mal im Jahr getrimmt, je nach Haarqualität, die bei der jungen Rasse noch sehr verschieden sein kann. Neben dem bevorzugten, reichen, leicht welligen Rauhhaar gibt es sehr festes anliegendes, dem Schnauzerhaar ähnliches, das seltener zu trimmen ist und zu weiches, bei dem man etwas mehr mit der Schere arbeiten muß. Es empfiehlt sich auch für die Schwarzen Russen, das nachwachsende Haar, wenn es die Qualität zuläßt, regelmäßig, am besten mit Daumen und Zeigefinger, zu übertrimmen.

Wenn Sie z.B. einmal wöchentlich bei der gründlichen Pflege gegen den Strich kämmen und die überstehenden, losen Haare auszupfen, können Sie das Haarkleid über einen langen Zeitraum in gepflegtem Zustand und typischer Länge erhalten. Das anstrengende, vollkommene Abtrimmen ist dann gar nicht nötig oder genügt einmal im Jahr. Da jeder Hund anders veranlagt ist, muß der Besitzer allmählich den richtigen Rhytmus herausfinden. Selbstverständlich werden Kopf, Hals, Hinterteil und Pfoten von Zeit zu Zeit zurechtgemacht.

Trimming für die Ausstellung

Wenn Sie ausstellen möchten, bedenken Sie, daß das Haarkleid verschiedene Längen aufweisen muß (Zeichnung 5). Sie werden durch Nachtrimmen der einzelnen Partien erreicht. Ein Hund, dessen Haar wie empfohlen regelmäßig übertrimmt und nachgeschnitten wird, ist fast immer in guter Form und braucht nur 10 bis 14 Tage vor einer Ausstellung den letzten Schliff. Wer das

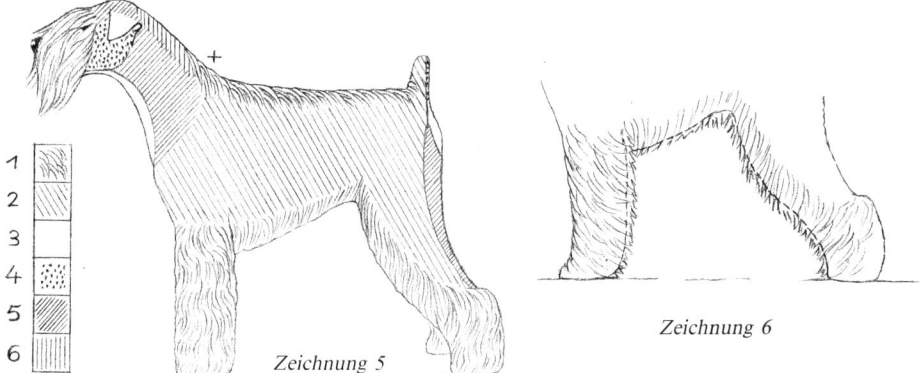

Zeichnung 5

Zeichnung 6

totale Abtrimmen zwei- bis dreimal im Jahr vorzieht, muß seinen Hund entsprechend früh abtrimmen, damit das Haar termingerecht die für Feld 1 angegebene Länge erreicht. Da jeder Hund eine etwas andere Haarveranlagung hat, kommt es hierbei auf die Beobachtung des Besitzers an.

Übertrimmen Sie etwa 6 Wochen vor der Schau die Körperseiten, Schultern, Hinterhand und die Oberseite der Rute (Feld 2) mit dem Trimmesser oder, wenn es geht, mit Daumen und Zeigefinger.

Mit den Vorbereitungen für die Ausstellung beginnt man 14 Tage vorher. Scheren Sie alles, was sehr kurz sein muß (Zeichnung 5, Felder 3) mit der großen Klippschere oder dem 3 mm-Scherkopf gegen den Strich, Wangen und Unterseite der Rute (Felder 4 und Zeichnung 4) und die Bauchregion mit dem Strich, wie auch vorn beschrieben. Trimmen Sie mit dem Trimmesser den *Oberkopf* und die *Ohrkanten* (Zeichnung = Kopf), evtl. etwas früher, damit das Haar auf die gewünschte Länge von 1 bis 1 1/2 cm nachwächst. Gehen Sie mit dem Trimmesser über den *Nacken* und die *Oberseite* des *Halses* (Feld 6) und nehmen Sie an den *Halsseiten* (Feld 5) etwas mehr weg. Gleichen Sie gut zum kurzgeschorenen Haar und zum längeren auf den Schultern aus. Achten Sie besonders auf einen flüssigen Übergang vom kürzeren Haar auf dem Hals zum langen Rückenhaar (Zeichnung 5). Am besten zupfen Sie hier vorsichtig mit Daumen und Zeigefinger, um keine Löcher hineinzubringen. Auch auf dem *Rücken* werden Unebenheiten durch Auszupfen weniger Haare auf einmal ausgeglichen.

Trimmen Sie die Rückseiten der Hinterläufe (Feld 5, Zeichnung 5 und Zeichnung 4b) kurz, um die Winkelung deutlich zu machen, und schneiden Sie das Haar an den Innenseiten auf 1 bis 2 cm Länge. Die Pfoten werden, wie vorn beschrieben, rund geschnitten. Filze zwischen den Ballen sind herauszuschneiden.

Das lange belassene Haar an Brust und Läufen (Zeichnung 5, Feld 1) wird durch Auszupfen der längsten Haare oder Überschneiden mit der Effilierschere egalisiert und dem kürzeren Körperhaar angeglichen. Die *Vorderläufe* sollen wie Säulen wirken. Abstehende Haare, die z.B. die Ellbogen lose erscheinen lassen können, sind auszuzupfen oder mit der Effilierschere zu kürzen (Zeichnung 3). Kämmen Sie das Haar auch nach hinten und begradigen Sie es mit der Effilierschere, wenn es nicht zu zupfen geht (Zeichnung 6). Das lange Haar an den Vorderseiten der *Hinterläufe* wird nach vorn gekämmt und gerade geschnitten (oder gezupft) und das *Brusthaar* etwas gekürzt, passend zur Gesamterscheinung (Zeichnung 6). Schneiden Sie vorsichtig einen guten Übergang vom langen Haar der Hinterhand zum Brusthaar (Zeichnung 6).

Bis zur Ausstellung bleibt nun noch Zeit, den Hund zu beobachten und Kleinigkeiten zu verbessern. Achten Sie auf nahtlose Übergänge zwischen kürzerem und längerem Haar, und gleichen Sie, wenn nötig, mit der Effilierschere oder Haarschere aus. Auch wenn das zwischenzeitliche Übertrimmen Schwierigkeiten macht, weil das Haar sehr fest sitzt oder vielleicht etwas weich ist, empfiehlt es sich, mit der Effilierschere zu arbeiten, vorausgesetzt, es wird später wieder getrimmt.

Der Kopf braucht gewöhnlich ein paar Tage vor der Ausstellung noch den letzten Schliff. Die Ohren sind evtl. mit dem Strich nachzuschneiden, sicher aber die Ränder. Der flache Oberkopf kann durch Überschneiden noch betont werden. Das Wangenhaar ist entsprechend anzupassen und der Übergang zum Barthaar sorgfältig zu überarbeiten. Wie Sie kleine anatomische Mängel etwas verstecken können, habe ich am Ende des Kapitels Welsh Terrier angedeutet.

Allgemeine Pflege

Pflegegeräte: Eine große *Drahtbürste* (mit gebogenen Drahtborsten), eine Naturhaarbürste, ein weiter und ein enger *Stahlkamm,* ein *Entfilzungskamm,* zwei bis drei *Trimmesser* (eins zum Abtrimmen, ein tiefer gezahntes zum Übertrimmen und zum Austrimmen überständiger Unterwolle und ein kleines für Feinarbeit), eine *Haarschere* und eine *Effilierschere,* eine große *Klippschere* (5 cm Kamm), evtl. auch eine kleine »Liliput«, oder eine elektrische Maschine mit 3 mm-Scherkopf und 7-10 mm-Scherkopf.

Pflege: Zwei- bis dreimal wöchentlich durchbürsten, einmal wöchentlich auch mit weitem Kamm bis auf den Grund kämmen und regelmäßig, wie empfohlen, etwas übertrimmen. Filze zwischen den Ballen sind immer wieder herauszuschneiden, zu lange Krallen müssen vorsichtig von Zeit zu Zeit etwas gekürzt werden.

Die Augen werden morgens trocken, wenn nötig auch feucht, ausgeputzt. Die *Ohren* reinigen Sie nur im äußeren Bereich, lange Haare in den Gehörgängen werden, wenn erforderlich, mit den Fingern oder mit einer abgerundeten Pinzette (wenige auf einmal) ausgezupft. Evtl. Ohrreiniger hineingeben. Kontrollieren Sie auch die *Zähne.* Zahnstein ist zu entfernen.

Baden: selten, nur wenn nötig und nicht vor dem Trimmen.

B. HOCHLÄUFER MIT WEICHEM HAAR, DAS NUR GSCHNITTEN WIRD

Zwei nahe Verwandte aus Irland fallen vor allem durch ihr Haar und ihre Farben aus dem Rahmen der Rauhhaarigen. Ihr seidiges, welliges Haar hat keine Unterwolle und unterliegt nicht dem Haarwechsel. Darum wird es nur geschnitten. Man kann also seinen Hund jederzeit zurechtmachen, sogar einen Tag vor einer Ausstellung, ganz gleich, wie lang das Haar gerade ist. Ein Haaren wie bei anderen Rassen gibt es nicht, was ausgeht, bleibt im Kamm oder in der Bürste. Bei beiden Rassen ist die Farbe schon im Namen genannt und sollte auch deutlich als Blue oder als Wheaten erkennbar sein.

Der Kerry Blue Terrier darf alle Schattierungen von Blaugrau haben. Auch im hellen Silbergrau kann noch ein Blaustich liegen, besonders bei Hunden mit dunklen Markierungen. Und ein dunkler Hund, den Laien »schwarz« nennen, wird gegenüber einem schwarzen Junghund (bis 18 Monate erlaubt) »blau« erscheinen.

Der Soft Coated Wheaten Terrier muß Weizenfarbe in allen möglichen Tönen zeigen. Weißlich oder gar reines Weiß sind ausgeschlossen. Sehen Sie sich ein reifes Weizenfeld an! Auch beim Wheaten gibt es während seiner Entwicklungszeit Farbveränderungen!

Das Trimming beider Rassen gleicht im Prinzip dem der rauhhaarigen Hochläufer, doch verursacht das üppige, weiche und längere Haar eine eigene Wirkung.

9. KERRY BLUE TERRIER

Beginnen wir mit dem »Kerry«: Sein Siegeszug bekam durch das »terriermäßige« Trimming, das Mrs. Violet Handy (»Princeton« - Kerry Blue und Foxterrier) in England in den 20er Jahren für ihn kreierte und durchsetzte, mächtigen Antrieb. Aus dem schlichten und besonders an den Läufen kürzeren Haar der frühen irischen Kerries, die noch Arbeitshunde waren, entwickelte sich in wenigen Jahren durch planmäßige Zucht begeisterter Engländer ein attraktives, seidiges, welliges Haarkleid, geradezu eine Herausforderung für Künstler mit der Schere.

Bei keiner Terrierrasse hat es im Laufe der Zeit so viele modische Richtungen gegeben wie beim Kerry. Alle sollten dem schönen Haar, dem Typ, dem Wesen der Rasse gerecht werden. In jedem Land sehen die Hunde etwas anders aus, und jeder Züchter/Aussteller hat seine eigene Vorstellung. Lassen Sie sich als Anfänger davon nicht irre machen! Und - vermeiden Sie Übertreibungen!

Am besten lernen Sie, Ihren Kerry rassetypisch herzurichten wenn Sie schon beim Junghund anfangen. Nach dem ersten oder zweiten Schnitt, den er sicher von seinem Züchter bekommen hat, beginnen Sie das Haar nachzuschneiden, solange Sie das Vorbild noch erkennen. Das Bart- und Beinhaar ist dann noch nicht voll entwickelt, so daß das Ausgleichen zwischen den unterschiedlichen Haarlängen keine Schwierigkeiten macht. Auf diese Weise werden Sie allmählich zum Fachmann. Voraussetzung ist natürlich, daß Ihr Hund daran gewöhnt ist, von Ihnen regelmäßig gebürstet und gekämmt zu werden, dann wird er sich auch Ihre ersten Versuche mit der Schere gern gefallen lassen (Zeichnung 1).

Von einem jungen Hund kann man noch nicht verlangen, daß er die ganze Zeit über ruhig am »Galgen« angehängt steht. Er darf sich zwischendurch mal hinlegen oder herumspringen. Als Werkzeug brauchen Sie eine große und eine kleine Klippschere, einen mittelweiten Stahlkamm, eine gerade Friseurschere (ab 18 cm lang), eine kleinere, vorn abgerundete Schere für das Ausschneiden von Filzen zwischen den Ballen und zum Versäubern der Ohrenränder, die Drahtbürste und natürlich einen anschraubbaren Galgen. Ob Sie sich für einen Einzelhund eine elektrische Maschine mit verschiedenen Scherköpfen anschaffen, kommt auf ein Probieren mit beiden Typen an. Auf jeden Fall empfiehlt es sich, an Pelz- oder Plüschstücken den Umgang mit den Scheren zu üben.

Ein Kerry sollte ein bis zwei Tage vor dem Schneiden gebadet werden. Gutes Durchkämmen davor erleichtert das Baden. Nach dem Trocknen kämmen Sie Ihren Hund noch einmal gründlich durch.

Wo Sie mit dem Schneiden beginnen, bleibt Ihnen überlassen. Im Allgemeinen macht man zuerst den Kopf zurecht, damit man wieder den Kerry erkennt, auch wenn Sie vielleicht die übrige Frisur in Etappen schneiden. Bei einem jungen Hund, den das Geräusch der Klippschere noch etwas irritiert, wird es besser sein, zur Beruhigung mit dem Körper zu beginnen. Das Körperhaar wird mit der Friseurschere geschnitten, anfangs am sichersten über den Kamm gegen den Strich, und mit etwas Übung auch frei.

Es ist zu empfehlen, besonders wenn das Haar sehr lang geworden ist, zuerst einen Rohschnitt vom ganzen Hund zu machen, um einen Überblick zu bekommen, und danach die Feinarbeit (Zeichnung 2a). Sie können nichts falsch machen, wenn Sie vorerst genügend Haar an Kopf und Läufen zum Ausgleichen stehen lassen.

Der Kerry-Schnitt in seinen Einzelheiten

Die Zeichnungen 3a und b zeigen den Rohschnitt des *Kopfes* von vorn und von der Seite, Zeichnung 3c die Einteilung in Felder für das Schneiden mit den Klippscheren.

Zeichnung 3c: Schneiden Sie Feld 1, also die Unterseite des Halses, die Kehle bis zu der kleinen Warze, aus der die harten Haares sprießen, und die Wangenpartie bis zu den äußeren Augenwinkeln und den Mundwinkeln (ohne diese freizulegen) mit der großen Klippschere gegen die Wuchsrichtung kurz. Geraten Sie unter den Augen nicht zu weit nach vorn (Zeichnung 3d), sonst bekommt der beste Kopf »Backen«. Um das Haar an der Kehle gleichmäßig kurz zu bekommen, empfiehlt es sich, mit der Liliputschere nachzuschneiden. Beachten Sie die verschiedenen Wuchsrichtungen. Schneiden Sie dann den Oberkopf (Feld 2) in Wuchsrichtung (mit dem Strich), zunächst bis zum Ansatz der Ohren.

Die Ohren werden innen mit der kleinen Klippschere (Liliput) gegen den Strich geschnitten, und zwar vom Rand aus nach innen, damit man nicht den Ohrrand erwischen kann. Vorsicht an der »Tasche«. Außen kann man mit der kleinen Klippschere mit dem Strich oder vom Rand aus gegen den Strich schneiden. Die Ränder sind mit einer kleineren, nicht zu scharfen Schere zur Spitze hin zu versäubern. Wenn Sie sich unsicher fühlen, dann fassen Sie das Ohr so, daß Ihre Fingernägel zwischen Rand und Schere sind (Zeichnung 2b).

Sobald das Haar auf dem Hals gekürzt ist, schneiden Sie das noch stehengebliebene Haar zwischen den Ohren mit der großen Klippschere oder der Friseurschere, schnippelnd so, daß es fließend in das etwas längere Halshaar übergeht (Zeichnung 4).

Der Kerrykopf ist kräftig, gut ausgefüllt und gestreckt. Ein zu großer, nach den Seiten abstehender Bart verkürzt ihn eher optisch und zu viel Haar über und vor den Augen nimmt den Terrierausdruck. Schneiden Sie die Augenbrauen mit der Haarschere vom äußeren Augenwinkel an schräg nach vorn, in die langen Stirnhaare verlaufend. Bei nicht ganz dunklen Augen lassen Sie das Haar darüber etwas länger zum Beschatten (Zeichnung 5a, b, c). Wenn die Augen zu frei geschnitten werden, geht die »keen expression« verloren; auch legen sich die langen Stirnhaare meist vor die Augen (Zeichnung 3d).

Zeichnung 3e zeigt einen Schnitt, der mitunter gemacht wird, »damit der Hund besser sieht«, doch der kann kaum über die Haare vor den Augen sehen und ist außerdem entstellt. Manche Kerrybesitzer flechten auch die langen Stirnhaare zu einem Zöpfchen, dezent mit dunklem Faden, oder halten es mit einer Spange zusammen. Besser sieht es jedoch aus, weil es nicht auffällt, wenn man Strähnen, die direkt vor den Augen die Sicht behindern, mit der Scherenspitze herausschneidet. Es empfiehlt sich, auch bei Welpen Haare vor den Augen wegzuschneiden um Entzündungen vorzubeugen.

Kämmen Sie nun die *Barthaare* an den Seiten etwas auf und schneiden Sie mit der Scherenspitze einen möglichst stufenlosen Übergang vom kurzen Haar auf den Wangen zum langen Haar. Achten Sie darauf, daß Sie dabei nicht zu weit nach vorn unter die Augen geraten. Auch die Mundwinkel sollte man nicht sehen. Kürzen Sie das seitlich abstehende Barthaar vorsichtig soweit, daß der Kopf rechteckig wirkt (Zeichnung 5a links und 5b). Es ist leichter, von oben zu schneiden, wenn der Hund auf dem Boden steht. So kann man Einbuchtungen vermeiden (Zeichnung 5a rechts). Den unteren Teil des Bartes schneiden Sie schräg nach unten, wie es Zeichnung 6a zeigt. Nehmen Sie nicht zu viel weg (Zeichnung 6b), denn der Kerrybart soll trotz des Modellierens, dem Haar entsprechend, üppig sein. Ein kleiner Hund sieht jedoch eleganter aus, wenn der Bart zu seiner Größe passend gekürzt wird.

Falls sich Ihr Kerry öfter auf den Bart beißt, weil ihm Haare ins Maul kommen, dann schneiden Sie einen schmalen Streifen (höchstens 5 mm) oberhalb der Oberlippe frei, entweder von unten mit der Liliputschere oder mit einer kleinen Haarschere (Zeichnung 6a).

Für das *Trimming des Körpers* richten Sie sich nach Zeichnung 7 und schneiden Sie das Haar in Feld 3 mit der Haarschere über den Kamm gegen den Strich, stellenweise auch mit, wie es sich ergibt, oder, mit etwas Übung, nach dem Aufkämmen frei mit der Schere. Für eine »Alltagsfrisur« im Sommer genügt eine Haarlänge von etwa 1 1/2 cm. Lassen Sie das Haar von der Mitte des Halses an und über den Widerrist etwas länger (verdickte Linie auf Zeichnung 7), um einen flüssigen Übergang zum Rücken schneiden zu können.

Die Seiten des Halses und die Schulterpartie (Feld 2) werden kürzer gehalten, auch mit der Schere über den Kamm gegen den Strich oder mit der großen Klippschere mit dem Strich. Gleichen Sie gut zum längeren Haar an Hals und Rumpf (Feld 3) aus. Bevor Sie das lange Haar an den Läufen und an der Brust kürzen, schneiden Sie die Unterseite der Rute von unten nach oben mit der großen Klippschere, die Analgegend und eine »Gasse« darunter, wie auf Zeichnung 9a angegeben, mit der kleinen Klippschere, sowie die Bauchregion und die »empfindlichen Stellen«. Neben Hoden und Scheide können sich Filze bilden. Sie sind vorsichtig mit der Liliputschere wegzuschneiden. An den Pfoten wird das Haar um die Ballen herum kurz geschnitten. Filze zwischen den Ballen schneiden Sie mit der kleinen abgerundeten, gebogenen Schere heraus.

Das Angleichen des üppigen Haares der *Vorderläufe* an die kurzbehaarte Schulterpartie und gerade Säulenbeine zu schneiden, ist am Anfang sicher nicht einfach. Wichtig ist, daß Sie, wie schon erwähnt, beim Rohschnitt nicht bis zum Ellbogengelenk schneiden. Die Einbuchtungen würden die gerade Frontlinie auffällig unterbrechen (Zeichnung 7 und 8 a und b).

Kürzen Sie das *Beinhaar* nach gründlichem Aufkämmen rundherum zunächst wenig. Gehen Sie allmählich tiefer, bis die Stärke zum Hund und zur Haarlänge am Körper paßt. Machen Sie nicht zu tiefe Schnitte, sonst werden die Beine im Nu zu dünn. Es hilft, wenn Sie immer wieder eine Pfote fassen und den Lauf schütteln. So kommen die Unebenheiten zum Vorschein, und Sie können sie vorsichtig begradigen. Schneiden Sie mit der Scherenspitze von der Schulterpartie nach unten eine gerade Außenlinie. Die »Säulen« sollen durchgehend eine Stärke haben (Zeichnung 8c). Zu schmal geschnittene Pfoten, »damit der Hund weniger Schmutz hereinträgt«, verkürzen die Läufe optisch (Zeichnung 8d).

An der *Hinterhand* gleichen Sie das noch stehengebliebene Haar dem Körperhaar an und formen Sie, das Haar allmählich länger lassend, eine Rundung, nicht zu dürftig, nicht übertrieben (Zeichnung 9b, durchgehende Linie, und 9d) und auf keinen Fall in »Hosen« ausartend. Die sind für den sportlichen Kerry heute verpönt (9c).

Die Stärke der Hinterläufe entspricht für das Auge der der Vorderläufe, doch sind die Haarlängen verschieden. An den Rückseiten wird das Haar ab oberhalb der Hacken auf etwa 1 cm kurz geschnitten, nicht kahl, um die Winkelung sichtbar zu machen. Dafür bleibt es an den Seiten und vorn länger und entsprechend beschnitten (Zeichnung 10). Die Rückseiten der Hinterläufe werden egalisiert. Man läßt das Haar hier möglichst lang (ohne zu übertreiben), wenn man eine steile Hinterhand etwas ausgleichen möchte.

Einen nicht besonders kurzen Hund kann man durch länger gelassenes Haar (nicht übertrieben) an der Rückseite der Vorderläufe und Vorderseite der Hinterläufe optisch etwas »zusammenschieben« (Zeichnung 11).

Zwischen den Oberschenkeln wird das Haar auf etwa 1 cm gekürzt, nicht kahlgeschoren, Hoden und Scheide werden dezent freigelegt (Zeichnung 9d).

Wie kurz Sie das Haar zwischen den Unterschenkeln und Pfoten schneiden, richtet sich nach der Beschaffenheit der Hinterhand. Sehen Sie dazu auch meine Ausführungen über »Ausgleichen von Mängeln bei Hochläufern«.

Zum *Brusthaar* schneiden Sie von oben nach unten mit der Scherenspitze (evtl. über den Kamm) einen unmerklichen Übergang in leichtem Bogen. Lassen Sie genügend Haar stehen, wenn der Rippenbogen etwas flach ist oder die Ellbogen nicht ganz anliegen. Die Länge des Brusthaares richtet sich nach dem Typ des Hundes. Läßt man es zu lang, können die Vorderläufe zu kurz wirken. Schneidet man zu viel weg, sieht der Hund vielleicht leibarm aus. Beobachten Sie ihn in der Bewegung von der Seite und probieren Sie es aus. Schneiden Sie die untere Linie wie es Zeichnung 10 zeigt, die Brusttiefe mehr oder weniger betonend. Der Übergang zur Hinterhand kann bei einem kräftigen Hund kurz gehalten werden, ein sehr schlanker sieht dagegen vorteilhafter aus, wenn das Haar hier etwas länger bleibt (Zeichnung 10 und 10a). Wichtig ist in jedem Fall ein guter Verlauf in das längere Haar der Hinterhand. Prüfen Sie auch von oben, ob die Übergänge fließend sind, und schneiden Sie nur mit der Scherenspitze eine leichte Taille (Zeichnung 12, gepunktet).

Wenn Sie Ihren Kerry im Sommer einmal mit der großen Klippschere mit dem Strich, oder mit der elektrischen Maschine (7 bis 10 mm Kamm) gegen den Strich, kurz schneiden möchten, dann kürzen Sie auch das Beinhaar dazu passend, damit der Hund harmonisch aussieht. Sollte ein Kerry infolge besonderer Umstände einmal total zugewachsen und womöglich verfilzt sein, muß das Haar vor dem Baden rundherum grob abgeschnitten werden.

Nicht alle Kerries haben das gewünschte seidige, wellige Haar. Doch auch ein Hund mit festerem Haar, das zur Krause neigt und wenig Glanz hat, kann attraktiv sein, wenn er gut gepflegt und regelmäßig geschnitten wird. Es ist vorteilhaft, das Haar ziemlich kurz (ca. 1 bis 1 1/2 cm) zu halten, im Winter natürlich etwas länger, und zur Pflege auch eine nicht zu feste Naturhaarbürste zu verwenden. Da die langen Haare über den Augen bei diesen Hunden meist in die Höhe stehen, anstatt nach vorn zu fallen, empfiehlt es sich, sie, wie die Zeichnung 13 zeigt, vorsichtig zu kürzen, um die charakteristische Silhouette zu erhalten. Manches Kerryhaar ist nur im oberen Teil rauh und glanzlos, wenn man darunter abschneidet, hat man einen korrekt behaarten Hund.

Im Winter freuen sich Kerries wie alle Hunde über Schnee. Während Pulverschnee wie ein Kosmetikum wirkt und das Bad ersetzt, verklumpt sich Pappschnee in den langen Haaren der Läufe und man muß den Hund in die Wanne stellen und seine »Eisbeine« mit lauwarmen Wasser abtauen, danach frottieren und etwas föhnen. Nie die Eisklumpen ausbürsten, es ginge zuviel Haar dabei aus! Wenn ein Kerry nicht auf Ausstellungen geht, können Sie das Haar an Brust und Läufen über den Winter etwas kürzer halten, damit es schneller trocknet. Auch für Hunde mit denen gearbeitet wird, ist kürzeres Haar an den Läufen praktischer, doch die Rasse sollte immer zu erkennen sein!

Wenn Ihr Kerry im Sommer mal in Kletten gerät (untersuchen Sie ihn nach dem Spazierengehen), müssen Sie diese vorsichtig auszupfen oder ausbürsten und dabei die Haarsträhnen am Grund festhalten. Auf keinen Fall darf der

Hund sie sich selbst herausmachen. Er kann sie verschlucken und arge Beschwerden bekommen. Wenn er danach Gras frißt, kann er sich selbst helfen, sonst geben sie ihm Sauerkraut, notfalls mit Gewalt, das umwickelt die Fremdkörper.

Vor einer Ausstellung werden Sie natürlich mit besonderer Sorgfalt vorgehen. Ein Profi kann einen Kerry ein paar Stunden vor der Schau perfekt zurechtmachen, doch Sie nehmen sich etwas mehr Zeit, dann können Sie immer noch in Ruhe hier und da Kleinigkeiten korrigieren.

Allgemein ist zu beobachten, daß das schöne Haarkleid gut zur Geltung gebracht wird, also eine gewisse Länge hat, die auch für den Hund vorteilhaft sein sollte, und daß die Partien, die kurzzuschneiden sind, nicht im letzten Moment geschoren werden, da die Farbe anders erscheint und krasse Gegensätze nicht gut aussehen. Mängel, wie z.B. ein fülliger Hals, können sogar überdeutlich hervortreten. Die verschiedenen Haarlängen sollen unmerklich ineinander übergehen, sodaß die Frisur trotz aller Trimmkünste natürlich wirkt.

Es ist zu empfehlen, den Hund etwa 3 oder 4 Wochen vor der Ausstellung wie gewohnt zurechtzumachen und das Haar am Körper, je nach Haarwuchs auf 1 1/2 bis 2 cm zu schneiden, dann braucht man später »nur« nachzuschneiden und zu modellieren. Denken Sie daran, daß das Haar auf dem Widerrist und, wenn nötig, vor der Rute länger bleibt, damit man eine flüssige Hals-Rücken-Rutenlinie schneiden kann (Zeichnung 7 bzw. 10).

Baden Sie Ihren Kerry etwa 3 bis 4 Tage vor dem Termin (gut ausspülen!), und schneiden Sie danach alles, was mit den Klippscheren, bzw. der elektrischen Maschine kurz gemacht wird (Zeichnung 7 Feld 1 und 9a, 1) sowie die Pfoten um die Ballen herum mit der Haarschere. Schneiden Sie nun das Körperhaar nach. An den Halsseiten und der Schulterpartie (Feld 2) bleibt es etwas länger als an der Unterseite des Halses und an den Wangen, ungefähr 5 bis 7 mm, bei einem schmalen, noch jungen Hund evtl. ein wenig länger. Schneiden Sie mit der Haarschere über den Kamm oder, ein paar Tage früher, mit der großen Klippschere. Die Länge des Haars in Feld 3 ist, wie schon gesagt, auf Typ und Größe des Hundes abzustimmen. Auch die Haarqualität spielt eine Rolle.

Wichtig ist das sorgfältige Ausgleichen zwischen den verschiedenen Haarlängen. Der Übergang vom Hals zur Schulter und eine angedeutete Taille (Zeichnung 12 gepunktet) sind am besten von oben zu modellieren, wenn der Hund auf dem Boden steht. Lassen Sie ihn sich immer mal schütteln, damit noch Unebenheiten zum Vorschein kommen.

Einige Tips

Wenn man das Haar auf dem Rücken etwas kürzer schneidet als an den beiten, kann man den Hals optisch strecken und den Rippenbogen betonen. Die Rute darf nicht zu dünn sein. Das Haar wird nur an der Unterseite kurz geschnitten, sonst entspricht es dem Körperhaar. Durch mehr Haar auf der Oberseite wirkt der Rücken kürzer (Zeichnung 7).

Am Hinterkopf sehr lang belassenes Haar zur optischen Verlängerung des

Kopfes kann den Hals von der Seite steil erscheinen lassen (Zeichnung 14a). Besser ist es, den natürlichen Schwung des Halses zu betonen (Zeichnung 14 b).

Sehr viel Haar auf dem Hals, wie man es heute manchmal im Ring sieht, verkürzt zwar optisch den Rücken, macht aber den besten Hals, von der Seite gesehen, plump und den ganzen Hund vorderlastig (Zeichnung 14c). Der Kerry soll ausgewogen sein, auch mit Trimming. Eine nicht ganz ebene Rückenlinie, sowie Mängel der Läufe lassen sich beim Kerry mit seinem reichen Haarwuchs leichter mildern als bei den Rauhhaarigen. Sehen Sie dazu die Zeichnungen über die Hochläufer.

Allgemeine Pflege

Mit Drahtbürste (mit gewinkelten Stahlborsten) täglich in Wuchsrichtung bürsten. Läufe auch mal gegen den Strich, ein- bis zweimal in der Woche mit mittelweitem Stahlkamm bis auf den Grund kämmen, damit sich keine Filze bilden können. Bei sehr kurzem Körperhaar ist auch eine nicht zu feste Naturhaarbürste zur Massage zu empfehlen.

Die Pfoten schneiden Sie unten herum immer wieder nach. Auch die Filze, die sich häufig zwischen den Ballen bilden, sind regelmäßig mit einer kleinen, abgerundeten Schere herauszuschneiden. Die Krallen werden nach Bedarf geschnitten oder gefeilt.

Augen: täglich trocken zum inneren Augenwinkel hin ausputzen. Eine leichte Reizung, vielleicht durch Gräser, kann sich durch verklebte Wimpern (infolge des Tränens), die sich auf das Auge legen, verschlimmern. Zupfen sie diese aus, es geht leicht und tut nicht weh. Man kann die Augen dann mti klarem Wasser oder verdünntem Tee behandeln. Bei ernsthaften Erkrankungen zum Tierarzt!

Ohren: Beim Kerry wächst das Haar auch im Gehörgang. Um Luft zu schaffen und Infektionen vorzubeugen, muß man es von Zeit zu Zeit mit den Fingern und z.T. mit einer abgerundeten Pinzette auszupfen (wenige Haare auf einmal). Danach gibt man etwas Ohrreiniger in das Ohr. Junge Hunde gewöhnt man mit Geduld allmählich daran. Später mögen es die meisten Kerries, wie auch das Kämmen und Bürsten. Keine Behandlung kurz vor einer Ausstellung! Die Ohrenhaltung könnte anfangs etwas unsicher sein. Bei Erkrankungen zum Arzt!

Baden: Etwa alle vier Wochen, mit rückfettendem Shampoo, das etwas verdünnt wird, baden und gut ausspülen. Im Sommer im Freien trocknen lassen, bei kaltem Wetter nicht ganz trocken föhnen oder warm eingepackt ruhen lassen, je nach Hundetemperament. Der Bart wird bei feuchtem Futter jeden Tag nach dem Fressen gewaschen, z.B. mit einem Schwammtuch. Lassen Sie Ihren Kerry nicht mit nassem Bart bei Kälte ins Freie! Bei Kerries, die im Sommer gern ins Wasser gehen, kann man sich das Baden sparen, es sei denn, das Wasser war mal zu schmutzig.

Zeichnung 1

Zeichnung 2a

Zeichnung 2b

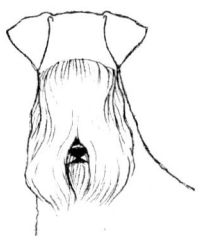
Zeichnung 3a

Zeichnung 3b

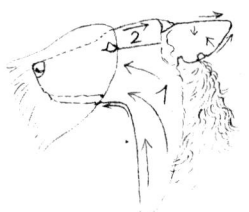
Zeichnung 3c

Zeichnung 3d

Zeichnung 3e

Zeichnung 3f

Zeichnung 4

Zeichnung 5a

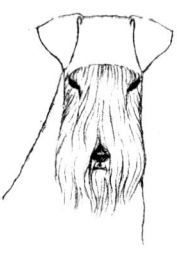
Zeichnung 5b

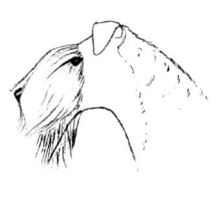
Zeichnung 5c

Zeichnung 6a   Zeichnung 6b   Zeichnung 6c

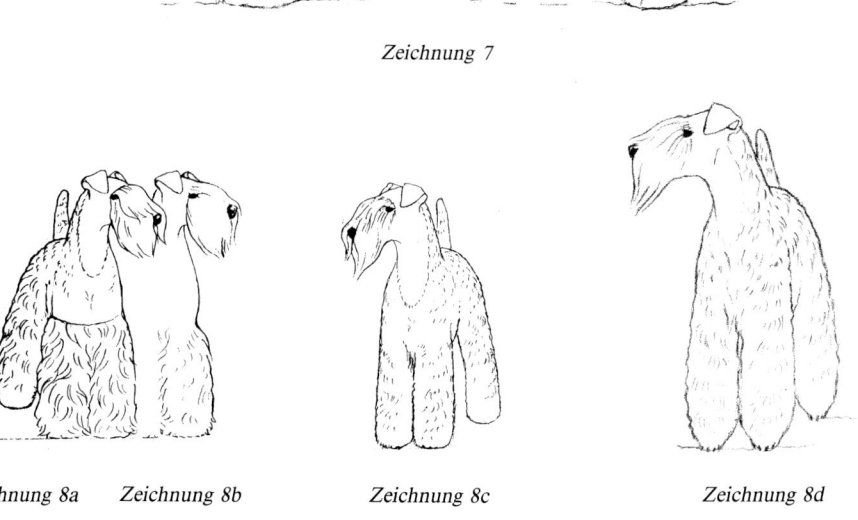

Zeichnung 7

Zeichnung 8a   Zeichnung 8b   Zeichnung 8c   Zeichnung 8d

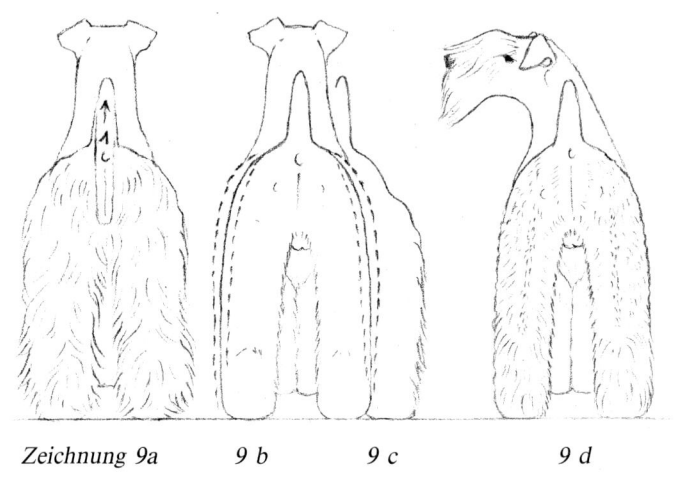

Zeichnung 9a   9 b   9 c   9 d

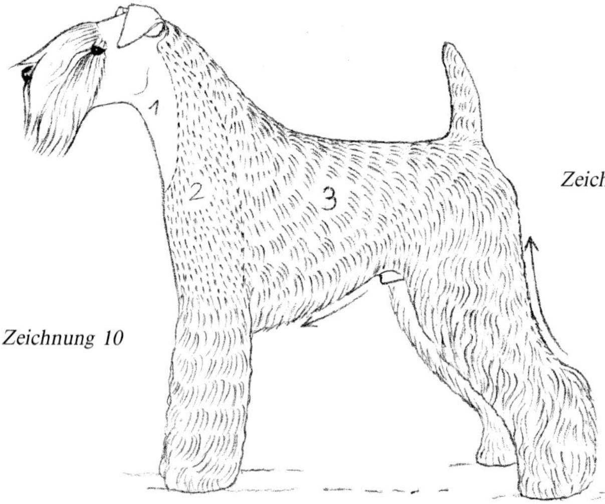

Zeichnung 10

Zeichnung 10a

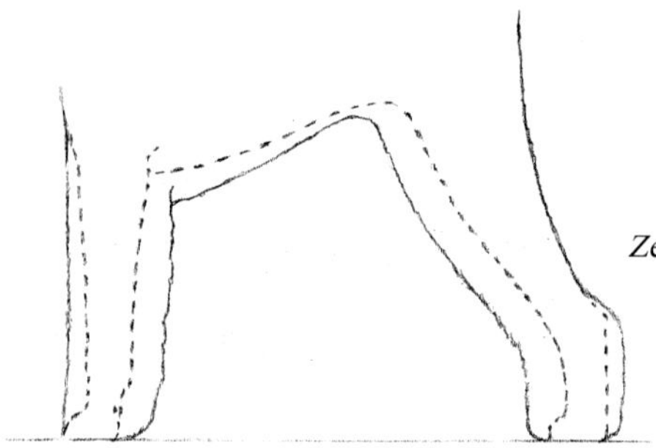

Zeichnung 11

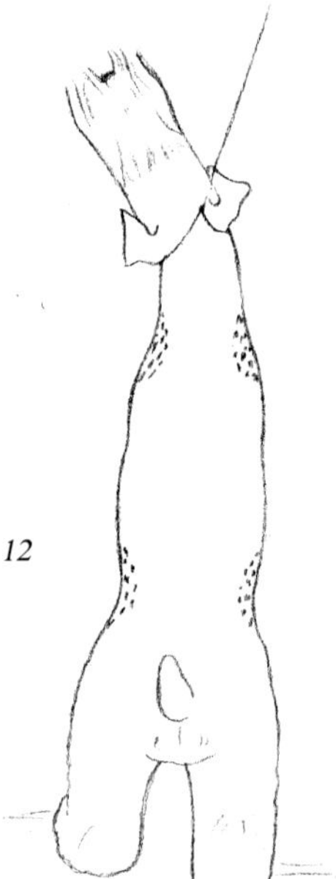

Zeichnung 12

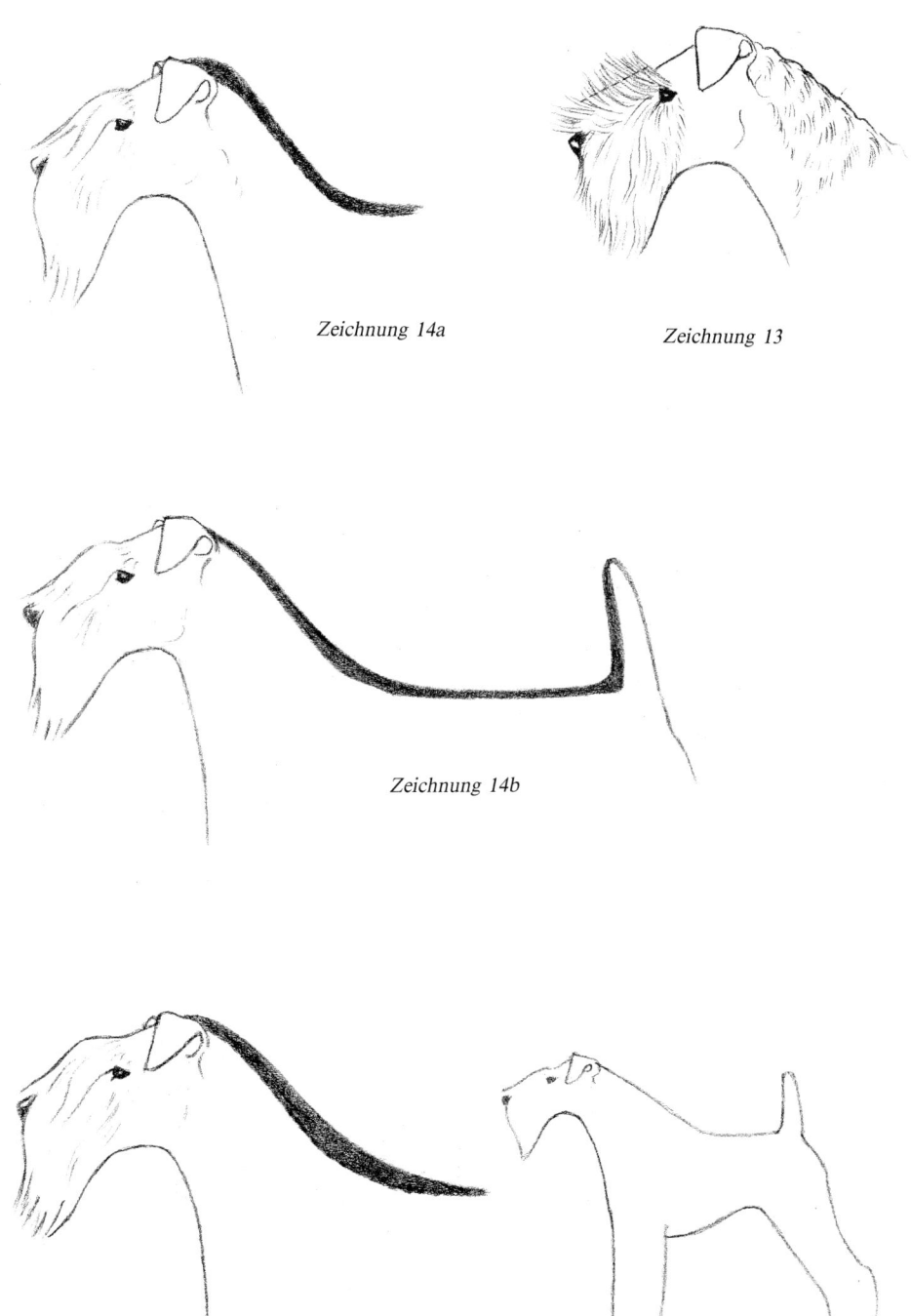

Zeichnung 14a

Zeichnung 13

Zeichnung 14b

Zeichnung 14c

10. SOFT COATED WHEATEN TERRIER

Die Rasse hat zwar auch üppiges, seidiges, welliges Haar, ähnlich wie ihr Vetter, der Kerry Blue Terrier, mit dem sie manches gemeinsam hat, doch soll der Soft Coated Wheaten getrimmt niemals wie ein weizenfarbener Kerry aussehen.

Wer seinen Hund völlig ungeschnitten um sich haben will, der muß ihn sorgfältig mit Bürste und Kamm von Grund auf pflegen. Länger als 13 cm sollte aber das Haar nicht sein. Auf jeden Fall müssen von Zeit zu Zeit die Pfoten unten beschnitten und zu langes Haar und Filze zwischen den Ballen entfernt werden. Das Haar an der Rückseite der Rute und um den After ist zu kürzen und die Bauchregion sauber zu halten, ab und zu sollte er auch gebadet werden.

Auch geschnitten soll ein Soft Coated Wheaten Terrier natürlich aussehen, ohne jegliche Übertreibungen, doch dann wirkt er gepflegter und terriermäßiger. Der Hund wird nur mit der Schere modelliert, ohne daß die verschiedenen Haarlängen auffallen. Die schönen Wellen bleiben dabei erhalten. Das Haar an Oberkopf und Wangen behält eine gewisse Länge, die zum Körper paßt und vom langen Stirn- und Barthaar nicht zu krass abgesetzt ist. Nur die Ohren werden kurz geschnitten.

Als Werkzeug gebrauchen Sie eine Haarschere (sie ist am wichtigsten), eine Effilierschere, einen mittelweiten Kamm, eine Drahtbürste mit Gummibett und eine kleine Klippschere, nur für die Ohren. Keine elektrische Maschine für Wheatenhaar!

Wenn Sie Ihren kleinen Wheaten schon etwas zurechtgemacht bekommen haben, dann versäumen Sie nicht, solange Sie das Vorbild noch vor Augen und die Ratschläge des Züchters im Gedächtnis haben, immer wieder die Ohren, die Pfoten, die Rute und das Hinterteil nachzuschneiden. Sobald sich das Haar üppiger entwickelt hat (bei dem einen Hund dauert es länger als beim anderen), wagen Sie sich an die ganze Frisur. Keine Angst vor Löchern, es wächst alles wieder nach!

Vor dem Schneiden wird der Hund gebadet. Bei warmem Wetter kann er im Freien trocknen, sonst wird er abfrottiert und wenig geföhnt. Das Haar trocknet schnell. Beginnen Sie nach dem gründlichen Kämmen am besten an Kopf und Hals. Schneiden Sie die Ohren außen mit der kleinen Klippschere in Wuchsrichtung, innen dagegen, und die Ränder mit der Haarschere.

Nun kämmen Sie das lange Stirnhaar vom Ohrenansatz an nach vorn. Denken Sie sich eine Linie vom Ohrenansatz zum Mundwinkel und kürzen Sie mit der Schere das Wangenhaar ab dieser Linie auf ca. 2 cm. Bei einem kräftigen Oberkopf hält man es etwas kürzer. Schneiden Sie auch das Haar an der Kehle, an der Vorderseite des Halses und an der Vorbrust auf diese Länge. Halten Sie es an den Seiten des Halses und auf der Schulterpartie etwas länger und gleichen Sie mit der Effilierschere Unebenheiten aus.

Das Haar zwischen den Ohren wird hochgekämmt und, je nach Ohrenansatz, auf etwa 1 bis 2 cm gerade abgeschnitten. Zu hoch angesetzten Ohren paßt ein längeres Kopfhaar, bei niedriger getragenen Ohren muß es kürzer

Zeichnung A

Haare schneiden?
Das muß ich mir überlegen.

Zeichnung B

Zeichnung C

sein, um nicht wie eine Pudelkrone zu wirken. Wichtig ist, daß der flache Oberkopf erkennbar ist.

Vom kurzen Wangenhaar wird mit der Effilierschere ein Übergang zum langen Barthaar geschaffen, und falls dieses sehr üppig ist und absteht, wird es vorsichtig mit der Effilierschere etwas ausgedünnt. Immer wieder kämmen und darauf achten, daß der Kopf nicht unter den Augen einfällt!

Für Ausstellungshunde wird gewünscht, daß die Augen, wie beschrieben, von langem Haar umgeben sind. Die Hunde sehen trotzdem, weil die auseinander fallenden Haare den Blick freigeben, man kann aber bei einem Familienhund das Haar an den Augen etwas kürzen. Dabei ist zu bedenken, daß das Haar sehr langsam zur vollen Länge nachwächst.

Der Körper wird zum großen Teil mit der Schere über den Kamm geschnitten. Der Hund muß dazu ohne Ihre Hilfe ruhig stehen. Hängen Sie ihn darum am besten an den Galgen, wenn Sie allein sind, denn Sie brauchen Ihre Hände zum Arbeiten.

Zunächst kämmt man das Haar auf Rücken und Hals hoch und kürzt es gegen den Strich mit der Haarschere auf 2 bis 3 cm, so weit, daß noch eine Welle erhalten bleibt. Dann schneidet man das Seitenhaar mit dem Strich über den Kamm, indem man es mit dem Kamm hochhebt und nur die Spitzen abschneidet. Es wird länger als das Rückenhaar gehalten, damit die schönen Wellen zur Geltung kommen. Das Haar an der Hinterhand schneiden Sie außen wie das Seitenhaar über den Kamm. Achten Sie darauf, daß keine »Hosen« entstehen. Hinten kürzen Sie es etwas mehr, um die Winkelung zu betonen. Auch die Innenseiten werden kurz gehalten, auf ca. 1 bis 1 1/2 cm. Hoden bleiben dezent verdeckt.

Die Analgegend wird kurz geschnitten, desgleichen, mit dem Strich, die Rückseite der Rute. Sie soll sich nach oben verjüngen und muß an den Seiten und vorn entsprechend zugeschnitten werden.

Nun kämmen Sie das Haar der Hinterhand nach vorn und begradigen von unten nach oben, der natürlichen Linie folgend, die Unebenheiten. An den Vorderläufen kämmen Sie das Haar nach hinten und schneiden die Spitzen ab.

Zeichnung 1 *Zeichnung 2*

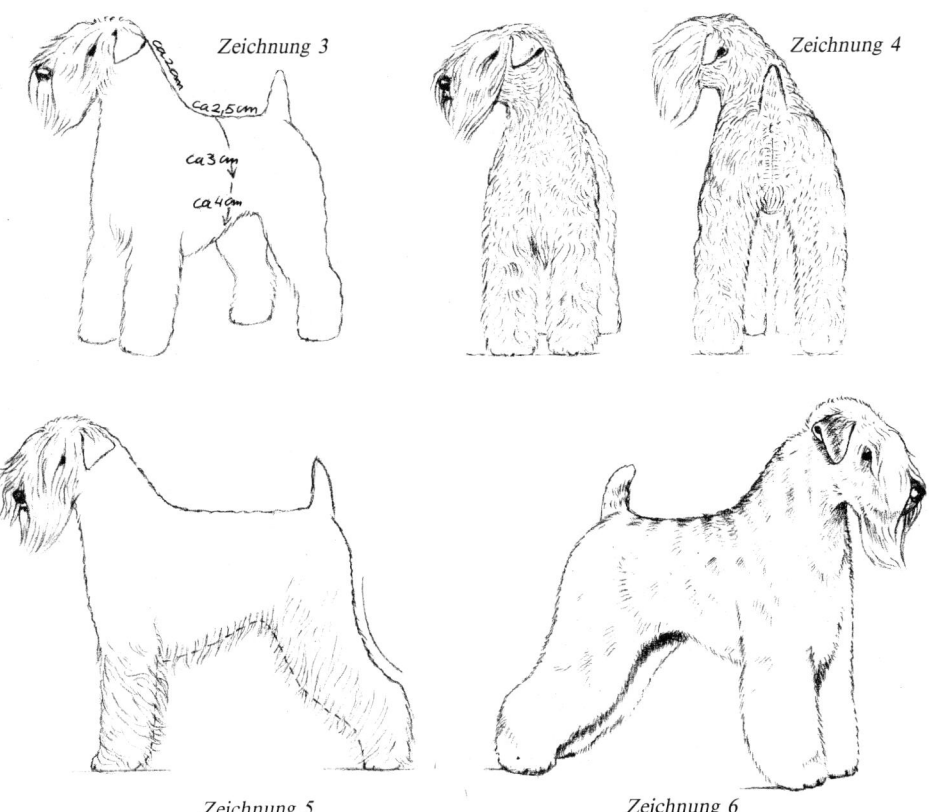

Zeichnung 3 *Zeichnung 4*

Zeichnung 5 *Zeichnung 6*

Die untere Linie wird nach vorn abfallend geschnitten, passend zum Hund. Einem etwas langbeinigen Wheaten wird man z.B. das Brusthaar zum Ausgleich länger lassen. Bauchregion und empfindliche Stellen werden kurz geschnitten. Die Hoden bleiben von Haar bedeckt. Die Pfoten schneiden Sie um die Ballen herum kurz. Auch zwischen den Ballen ist das Haar auszuschneiden, damit keine Filze entstehen.

Wenn sich Ihr Hund nach der Hauptarbeit geschüttelt hat, geben Sie mit der Effilierschere den letzten Schliff. Gleichen Sie mit dem Strich alle Unebenheiten, besonders der Hals- und Rückenlinie, aus und schneiden Sie dezent etwas Taille. Vor einer Ausstellung nehmen Sie sich viel Zeit und Ruhe für die letzte Feinarbeit. Es können keine auffälligen Löcher entstehen, wenn Sie öfter nur wenig Haar abschneiden.

Zu einer anderen Auffassung der Rasse hat die Zucht in Amerika geführt. Obwohl sie auch auf irischen Importen aufgebaut wurde, fallen amerikanische Wheaten heute durch enorme Haarfülle auf. Sie haben kaum Wellen, wirken oft weißlich und erscheinen in übertriebenem Trimming.

Als Pflege ist zu empfehlen: zwei bis drei mal in der Woche bürsten und bis auf den Grund kämmen mit mittelweitem Stahlkamm; die Läufe auch gegen

den Strich bürsten. Alle drei bis vier Wochen mit einem feinen Stahlkamm kämmen.
Baden nach Bedarf. Wheatenhaar nimmt nicht leicht Schmutz an. Ausstellungshunde werden etwa vier Tage vor dem Schautermin gebadet, denn das Haar braucht eine gewisse Zeit, um sich wieder in Wellen zu legen. Möglichst ohne Fön trocknen lassen!
Augen: morgens trocken ausputzen.
Ohren: von Zeit zu Zeit mit abgerundeter Pinzette lange Haare auszupfen.

11. BEDLINGTON TERRIER

Diese Rasse stammt aus Northumberland im Nordosten von England und wurde nach dem Ort Bedlington benannt. Der Bedlington nimmt unter den Hochläufern eine Sonderstellung ein. Sein Haar ist sehr charakteristisch, dicht und flockig, nicht drahtig aber mit Grannen durchsetzt. Es steht von der Haut ab und wird, im Gegensatz zu dem seines nahen Verwandten, des Dandie Dinmont Terriers, mit der Schere geschnitten und geschoren. Das Trimming betont die geschwungenen, anmutigen, an die Windhundahnen erinnernden Linien und hebt die unter Terriern unübliche V-förmige Front und die länglichen „Hasenpfoten" hervor. In den Farben blau, blau und loh, leber oder sand mit hellerem Haar an den Läufen und weißem, seidigen Haarschopf fällt der Bedlington allgemein auf. Die graziöse Erscheinung mit dem gewissen „Schäfchenlook" läßt auf den ersten Blick kaum den kraftvollen, schnellen Jagdhund vermuten, der sich auch, trotz seiner geringen Größe, als Schutzhund bewährt.

Aus einem Bedlington im Urzustand (Zeichnung 1) ein Idealbild der Rasse zu machen, verlangt allerhand Formgefühl und Vorstellungsvermögen. Da hilft nur baden, nach dem Trocknen immer wieder aufkämmen und langsam mit der Schere vortasten. Lassen Sie es nicht soweit kommen, bleiben Sie besser „dran", nachdem Ihr Hund gut geschnitten wurde, oder schon früher, wenn Sie ihn vom Züchter zurechtgemacht übernommen haben.

Wichtig sind Geduld (jeder hat einmal angefangen) und Kenntnis des Standards, denn ein guter Schnitt betont nur mit Maß und Geschmack die natürlichen Gegebenheiten der Rasse. Selbstverständlich verbessert er auch kleine Unzulänglichkeiten. Sie benötigen eine kleine Klippschere (Liliput mit 3 cm-Kamm, evtl. 2,5 cm-Kamm) und eine große mit 4,5 cm-Kamm oder 5,5 cm-Kamm, oder eine elektrische Maschine mit 1 mm, 2 mm und 3 mm-Scherkopf (wenn Sie für einen Einzelhund ein so teures Gerät anschaffen wollen). Außerdem eine mindestens 17 cm lange Haarschere, gerade oder leicht gebogen, die gut beweglich ist, und einen mittelweiten Stahlkamm.

Sollte es nötig sein, den Hund zu baden, muß er vor dem Schneiden ganz trocken sein. Beginnen wir mit dem *Kopf:*

Scheren Sie die Ohren mit der kleinen Klippschere innen und außen gegen den Strich, immer vom Rand aus, um ihn nicht mit der Schere zu erfassen. Vorsicht an der „Tasche" (Zeichnung 2a).

Stufen, die es sicher am Anfang gibt, gleichen Sie mit Ruhe aus. An der Spitze bleibt innen und außen eine Franse stehen. Schneiden Sie die Ohrenränder

Zeichnung 1

Zeichnung 3

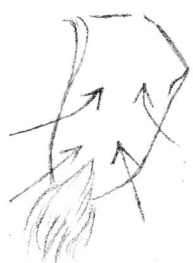 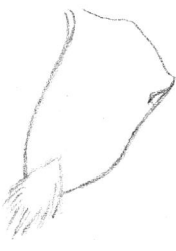 

Zeichnung 2a   *Zeichnung 2b*   *Zeichnung 2c*

mit der Haarschere, evtl. einer kleineren, zur Franse zu ganz glatt. Die hellen Fransen oder Quasten geben den charakteristischen Akzent, sie dürfen aber nicht überbetont als Pompoms hervortreten. Sie werden in Form einer Haube, ähnlich wie beim Dandie, zugeschnitten, oder als Dreiecke (Zeichnung 2 b, c). Man kann mit etwas mehr oder weniger Haar und höher oder niedriger angesetzten Fransen nicht ganz perfekte Ohren verschönen. Da das Haar an den Ohren, besonders vor einer Ausstellung (ca. eine Woche vorher mit 1 mm-Scherkopf gegen den Strich), sehr kurz geschoren wird, können abgeschnittene Härchen die zarte Haut reizen. Um dem vorzubeugen, empfiehlt es sich, mit einem feuchten Schwämmchen die Ohren außen und innen nach dem Scheren abzuwischen und danach evtl. mit etwas Babypuder oder Öl zu behandeln.

Scheren Sie nun das Haar an der *Kehle,* am *Unterkiefer* und an den *Wangen,* wie auf Zeichnung 3 angegeben, gegen den Strich. Achten Sie darauf, daß Sie die Lefzen nicht verletzen, wenn der junge Hund vielleicht am Anfang etwas unruhig ist.

Die *Wangenpartie* schneiden Sie bis zu einer gedachten Linie vom Mundwinkel bis kurz vor dem äußeren Augenwinkel und von da zum Ohrenansatz. Die Augen werden nicht freigelegt, da sie tiefliegend erscheinen sollen.

Das seidige Haar auf dem Oberkopf, der *Topknot,* und auf dem Vorgesicht wird aufgekämmt, so daß es locker absteht (Zeichnung 4a, von oben gesehen). Schneiden Sie nun mit der Haarschere von den Wangen an senkrecht nach oben. Sie können frei schneiden, natürlich mit der Scherenspitze schnippelnd, Sie können das Haar auch in der Mitte scheiteln, nach den Seiten kämmen und dann schneiden (Zeichnung 4b, von vorn gesehen). Prüfen Sie durch ständiges Aufkämmen, ob der Schopf auf beiden Seiten gleich ist, denn Sie sehen den Hund beim Schneiden einmal von vorn und einmal von der Seite, oder von oben.

Formen Sie dann die Rundung. Sie betont den gewölbten Schädel (Zeichnung 4c, von vorn gesehen). Das Haar an den Seiten des *Fangs* kürzen Sie, mit der Haarschere schnippelnd, von den Wangen aus ohne Einbuchtung schräg nach vorn verlaufend. Gleichen Sie auch am äußeren Augenwinkel gut aus, das Haar darf hier nicht abstehen. Wieviel Sie am Fang wegnehmen, richtet sich nach dessen Form. Ein schmaler Fang braucht etwas mehr Haar, und zuviel kann den Kopf plump erscheinen lassen. Kämmen Sie immer wieder auf und wägen Sie ab. Überstehende Haare an der Oberlippe und an der Nase werden sehr vorsichtig mit der Haarschere geschnitten (Zeichnung 5, von oben gesehen und 6a/b).

Schneiden Sie nun zuerst das Haar auf dem Nacken und an den Halsseiten kurz, um den Schopf hinten abzugrenzen (Zeichnung 6a). Er darf auf keinen Fall zu weit herunterreichen und den Hals verkürzen. Zuletzt kämmen Sie noch einmal das Kopfhaar hoch und schneiden die obere Linie, ohne Übertreibung, nicht zu hoch und nicht zu flach, und schaffen einen harmonischen Übergang zum kurzen Haar des Halses (Zeichnung 6a und b).

Der *Körper* wird mit der Haarschere, locker schnippelnd (snipping), geschnitten. Lange Schritte mit der ganzen Schere hinterlassen Spuren. Führen

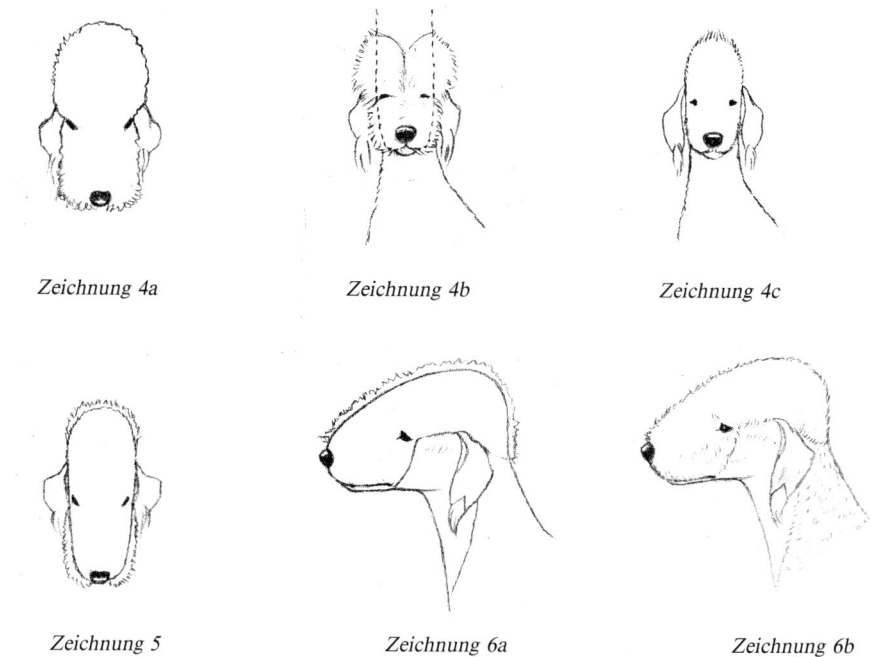

Zeichnung 4a   Zeichnung 4b   Zeichnung 4c

Zeichnung 5   Zeichnung 6a   Zeichnung 6b

Sie die Schere parallel zum Körper und nehmen Sie wenig auf einmal weg. Gehen Sie schnippelnd allmählich tiefer, auf die gewünschte Länge. Auf diese Weise ist es nicht zu schwer, fließende Übergänge zwischen kurzem und längerem Haar zu schneiden.

Bedlingtons werden nicht sehr lang im Haar gelassen, damit die elegante Linie gut zur Geltung kommt, doch die Haut darf an keiner Stelle zu sehen sein. Man muß sich auch nach dem Typ des Hundes richten. Ein etwas schmaler sieht sicher besser mit längerem Haar aus, während ein kräftiger es kürzer vertragen kann. Im Winter bleibt das Haar allgemein etwas länger. Grundsätzlich ist zu beachten, daß das Haar auf dem Nacken, an den Seiten des Halses und auf der Schulterpartie kurzgeschnitten wird, mit fließendem Übergang zum geschorenen Kehlbereich, und daß es an den Körperseiten etwas kürzer sein soll als auf dem Rücken und unten an der Brust. Ein Bedlington darf nicht rundrippig wirken, der gebogene Rücken mit höchstem Punkt in der Lendengegend und die Tiefe der Brust werden betont. Zur Rute hin und über ihren obersten Teil verlaufend schneidet man das Haar kürzer (Zeichnung 8 und 9).

Sie können auch Hals, Schultern und Seiten mit der großen Klippschere (oder der elektrischen Maschine mit 3 mm-Scherkopf) mit dem Strich schneiden (Zeichnung 7). Es ist einfacher und geht schneller. Die Übergänge werden mit der Haarschere geschnitten, natürlich schnippelnd (Zeichnung 8 gepunktet), desgleichen die Rücken- und Brustlinie. Vermeiden Sie Übertreibungen.

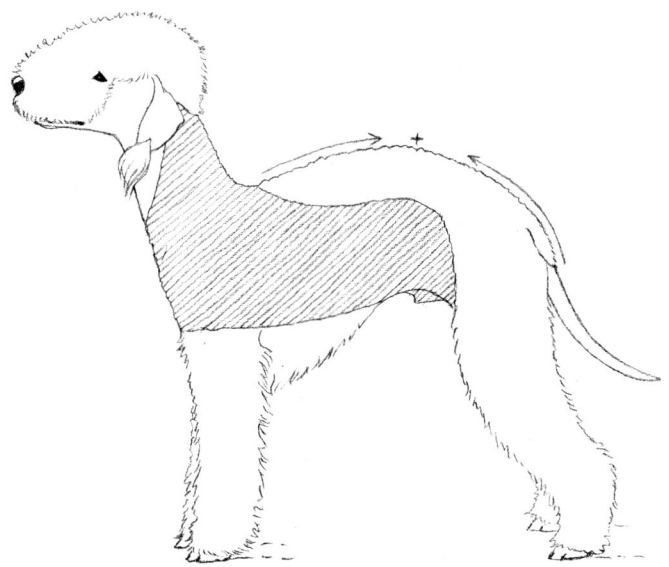

Zeichnung 7

Zeichnung 8

Das Haar ist in der Lendengegend ca. 1 cm lang. Ein zu flacher Rücken kann durch etwas längeres Haar optisch verbessert werden. Wenn Sie einen 7 mm-Scherkopf besitzen, können Sie auch das Rückenhaar mit der Maschine schneiden, und zwar mit dem Strich bis zum + auf Zeichnung 7, und gegen den Strich vom oberen Abschnitt der Rute an.

Scheren Sie die Unterseite der *Rute* und die Seiten von der Spitze bis zum Ansatz mit der großen Klippschere (bzw. 3 mm-Scherkopf) und die Oberseite nicht ganz bis zum bereits gekürzten Haar. Heben Sie die Schere etwas an, um hier einen stufenlosen Übergang zu schneiden (Zeichnung 8 gepunktet).

An der Rutenspitze schneiden Sie vorsichtig mit der Haarschere. Der Bereich unterhalb der Rute wird mit der Klippschere kurz gehalten.

Scheren Sie die *Bauchpartie* etwa bis zum Nabel mit der kleinen Klippschere mit dem Strich (oder mit 3 mm-Scherkopf) und die Innenseiten der Hinterläufe im oberen Teil. Vorsicht an den Zitzen und den anderen empfindlichen Stellen. Es ist besser, etwas mehr Haar stehen zu lassen, um nicht Juckreiz durch abgeschnittene Härchen hervorzurufen.

Mit der Haarschere kürzen Sie das Brusthaar und betonen dabei leicht die natürliche Form. Eine nicht genügend tiefe Brust ist durch etwas längeres Haar optisch zu verbessern (Zeichnung 9).

Läufe und Pfoten

Um die korrekten länglichen »Hasenpfoten« deutlich zu machen, schneiden Sie das Haar an den Seiten und um die Zehennägel herum mit einer kleinen Haarschere kurz (Zeichnung 10a). Die Pfoten dürfen weder an »Katzenpfoten«, wie sie bei anderen Terrierrassen gewünscht werden, noch an Pudelpfoten erinnern (Zeichnung 10c und d). Zwischen den Ballen sind Filze mit einer kleinen, abgerundeten Schere herauszuschneiden (Zeichnung 11).

Nun schneiden Sie das Haar der Vorderläufe mit der Haarschere. Es soll in der Länge zum Hund passen. Kämmen Sie es locker auf und schneiden Sie es rundherum zunächst wenig kürzer. Wegnehmen können Sie immer. Achten Sie darauf, daß die Läufe gerade sind (die Front ist nur durch die engstehenden Pfoten V-förmig), und daß im Ellbogenbereich keine Haare wegstehen und womöglich die Ellbogen lose erscheinen lassen (Zeichnung 12 links, rechts korrekt). Zu den schmalen Pfoten hin wird ein stufenloser Übergang geschnitten, entsprechend an den Hinterpfoten (Zeichnung 10b).

An der Hinterhand kämmen Sie das noch lang gelassene Haar auf und schneiden es so, daß vom Rücken nach unten eine harmonische, nicht unterbrochene Linie entsteht (keine »Hosen«!). Die Stärke der Hinterläufe entspricht der der Vorderäufe. Betonen Sie hinten die Winkelung und die tiefen Sprunggelenke (Zeichnung 8, 9 und 13 rechts, gepunktete Linie), ohne die Rückseiten kahl zu machen und lassen Sie das Haar an den Vorderseiten ein wenig länger (Zeichnung 9).

An den Innenseiten wird das Haar etwas gekürzt, nur mit der Haarschere. Die Zeichnungen 14 a, b und c zeigen, wie man durch stehenlassen bzw. kurzschneiden des Haares an gewissen Stellen versuchen kann, Mängel der Vorderhand optisch zu mildern. Mängel der Hinterhand gleichen denen der anderen Hochläufer.

Ausstellung

Wenn Sie ausstellen wollen, beginnen Sie mit den Vorbereitungen vier Wochen vor dem Termin. Der Hund wird gebadet und, wie angegeben, geschoren und geschnitten, dann etwa zehn Tage vorher sehr sorgfältig überarbeitet. Das bedeutet, daß überall, wo das Haar sehr kurz sein soll, also an Ohren, Wangen, Unterkiefer und Kehle, an der Rute, am Bauch und unten an den Pfoten, noch einmal nachgeschoren bzw. geschnitten und das längere Haar egalisiert wird. Sollte es nötig sein, dann baden Sie Ihren Hund vor der letzten Modellierarbeit.

Kreiden von Kopfhaar, Rücken- und Beinhaar ist nicht erwünscht, aber die Verwendung von Euformalpuder, zur Trockenreinigung zwischendurch, hat eine ähnliche Wirkung. Wenn Sie sich noch nicht so sicher fühlen, ziehen Sie für die ersten Male einen Fachmann zu Rate.

Allgemeine Pflege

Zweimal wöchentlich mit mittelweitem Stahlkamm kämmen, Kopf, Rücken und Läufe gegen den Strich, die Körperseiten mit dem Strich. Eine Pudelbürste ist für die Pflege nicht unbedingt nötig, doch für den letzten Schliff auf einer Ausstellung kann man sie gut brauchen.

Die Augen sind täglich zum inneren Augenwinkel hin trocken auszuputzen, aus den *Gehörgängen* werden von Zeit zu Zeit die langen Haare mit den Fingern oder einer abgerundeten Pinzette ausgezupft. Filze, die sich leicht zwischen den Ballen bilden, schneiden Sie mit einer abgerundeten Schere vorsichtig heraus. *Die Nägel,* besonders der Vorderpfoten, müssen regelmäßig etwas gekürzt werden.

Die Frisur wird etwa alle sechs Wochen nachgeschnitten.

Baden nach Bedarf, nicht zu oft, wenn nötig vor dem Schneiden. Trockenfrottieren, möglichst wenig fönen. Zwischendurch Trockenreinigung mit Euformal-Puder.

Werkzeug

Hier noch einmal die notwendigen Instrumente für das Trimmen: Eine lange Haarschere (mindestens 17 cm lang), gerade oder leicht gebogen, eine kleinere, vorn abgerundete Schere, ein mittelweiter Stahlkamm, eine große Handklippschere mit 4,5 cm- oder 5,5 cm-Kamm, eine kleine Klippschere mit 2,5 cm- oder 3 cm-Kamm oder eine elektrische Schermaschine mit verschiedenen Scherköpfen: 2 mm, evtl. auch 1 mm, 3 mm und evtl. 7 mm.

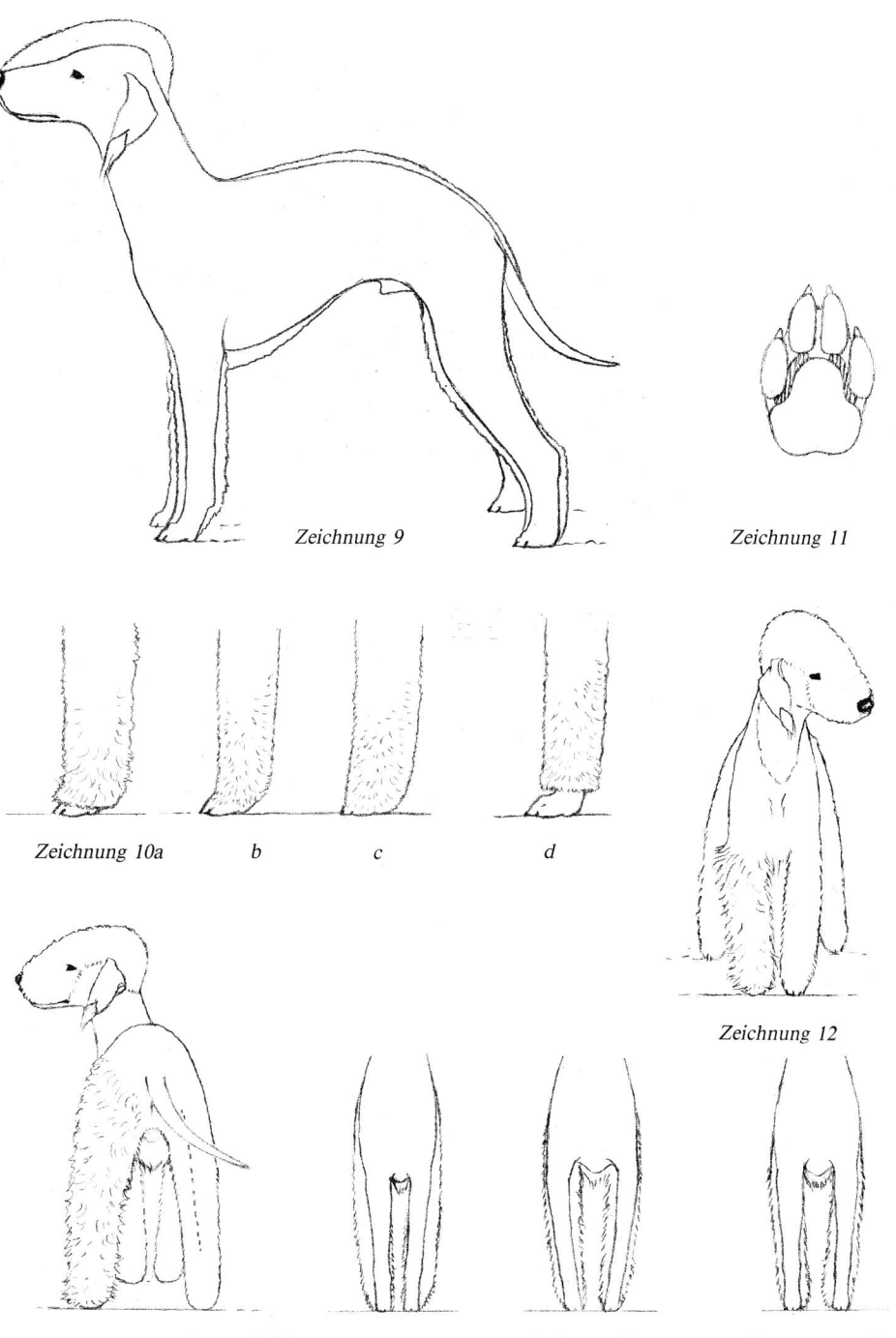

Zeichnung 9

Zeichnung 11

Zeichnung 10a   b   c   d

Zeichnung 12

Zeichnung 13   Zeichnung 14 - zu eng   - zu lockere Ellbogen   - Front zu gerade

C. RAUHHAARIGE NIEDERLÄUFER

Diese Terriergruppe ist vielfältiger, gegensätzlicher als die der Hochläufer. Entsprechend verschieden werden die Rassen hergerichtet und gepflegt, um ihre Eigenart hervorzuheben.

Man stelle sich nur einen Scottish Terrier neben einem Dandie Dinmont vor und vergleiche beide mit einem Norwich, einem Skye oder Cesky Terrier.

Die Rassenamen deuten, wie die der Hochläufer, meistens auf ihre Herkunft hin. Nicht alle stammen aus Großbritannien oder Irland. So wurde der Cesky Terrier in der Tschechoslowakei gezüchtet, und die Heimat der Australian und Silky Terrier ist Australien. Alle Terrier waren ursprünglich Spezialisten für die Baujagd und die Bekämpfung von Ratten und Mäusen.

Die rauhhaarigen Terrier Scottish, Sealyham und Westhighland White werden, abgesehen natürlich von den Köpfen, im Prinzip ähnlich getrimmt. Das feste Deckhaar soll bei ihnen an Hals, Schultern, Rücken und Rute kürzer sein als an Brust und Läufen, mit verfließenden Übergängen, sodaß die Hunde trotz des Trimming natürlich wirken.

12. SCOTTISH TERRIER

Diese Rasse ist für viele *der* schottische Terrier. Seine Herkunft ist nicht genau festzulegen, doch mit Sicherheit sind alle schottischen Terrierrassen miteinander verwandt. Man ahnt es noch beim Anblick vollkommen zugewachsener Scotties oder Cairns mit Ohrfransen und Scheitel auf dem Rücken, die wie etwas kurze Skyes mit lustigen Ruten aussehen (Zeichnung 1).

Die glanzvolle Laufbahn des Scottish Terriers begann in den frühen achtziger Jahren des 19. Jahrhunderts, als die Scotties erstmals als eigenständige Rasse ausgestellt wurden. Von da an formten die Züchter in kurzer Zeit einen einheitlichen Typ und bereiteten so den Weg zu großer Popularität in England. Das Trimming wird seinen Teil dazu beigetragen haben.

In Deutschland gehörte der Scottish Terrier, der »Schotte«, wie er damals genannt wurde, in den dreißiger/vierziger Jahren zu den beliebtesten Rassen. Heute hat er einen kleineren, aber sehr treuen Freundeskreis, der sein Wesen und seine markante Erscheinung zu schätzen weiß. Der Westhighland White Terrier hat in den letzten Jahren die Gunst des Publikums erobert. Vielleicht spricht der rundgetrimmte Kopf des Westies mit dem pfiffigen Gesicht im weißen Fell viele Menschen mehr an als der lange Schädel und der eher ernste Ausdruck des eigenwilligen, zurückhaltenderen Scottish Terriers, der jedoch in seiner Familie ebenso lustig und verspielt sein kann. Die Farbe spielt beim Scottish Terrier im Ausstellungsring keine Rolle, doch der Liebhaber kann nach seinem Geschmack zwischen weizenfarbenen, in vielen Nuancen gestromten und schwarzen Scotties wählen. Wenn Sie sich für einen Scottish Terrier entschieden haben, müssen Sie bereit sein, ihn richtig zu pflegen. Die meisten Hunde haben heutzutage viel Haar, was sie, wenn es regelmäßig gebürstet, gekämmt und getrimmt wird, sehr attraktiv macht. Gewöhnen Sie darum Ihr Jungtier konsequent an die tägliche Pflege.

Das Trimmen beginnt beim Welpen, wenn er etwa drei Monate alt ist, manchmal schon früher. Dann muß das flusige »Babyhaar« ausgezupft werden. Wenn es nicht schon der Züchter gemacht hat, dann beginnen Sie mit dem Lernen und zupfen Sie mit Daumen und Zeigefinger oder einem stumpfen Trimmesser in Wuchsrichtung alles lockere Flusenhaar am ganzen Körper aus. Bei guter Haarveranlagung kommt darunter das noch kurze, feste Haar zum Vorschein. In dem Fall lohnt es sich zu versuchen, soviel wie möglich, also auch Kopf, Ohren und Halsunterseite zu rupfen, besonders, wenn Ihr Scottie gestromt oder weizenfarben ist, und wenn Sie ihn später ausstellen wollen. Bei etwas weicherem Haar muß man mit dem Auszupfen warten, bis es mit dem stumpfen Trimmesser herausgeht. Das Zurechtmachen des Kopfes, der Halsunterseite, der hinteren Partie und der Pfoten (siehe Anweisung für den erwachsenen Hund) geht leichter mit der kleinen Klippschere, einer Effilier- und einer Haarschere.

Im Alter von etwa 7 oder 8 Monaten, je nach Haaranlage auch früher oder später, geht das Haar aus, und das erste vollständige Trimmen wird fällig. Bis dahin wird der junge Hund regelmäßig gebürstet und gekämmt. Das ist auch eine gute Massage, die das Haarwachstum anregt. Angehende Ausstellungshunde müssen zudem öfter übertrimmt werden, damit sie schon in der Jugendklasse in möglichst guter Fellkondition gezeigt werden können.

Das Trimmen in seinen Einzelheiten

Die Rohfrisur: Es ist zu empfehlen, bei einem jungen Hund mit dem Körper anzufangen. Ein etwas zappeliger Junghund beruhigt sich dabei, und die Bearbeitung des Kopfes regt ihn danach nicht mehr auf. Richten Sie sich nach *Zeichnung 2* und zupfen Sie mit Daumen und Zeigefinger oder einem stumpfen Trimmesser, wie es besser geht, in Wuchsrichtung das überständige Haar bis auf das weiche Unterhaar aus, wie es *Feld 1* angibt. (Selten ist in dem jugendlichen Alter unter dem alten Haar schon wieder neues, festes nachgewachsen.) Die untere Grenze der Schraffierung zeigt, wo ungefähr der Rippenbogen am weitesten ist. Wenn man das lange Haar oberhalb davon stehen läßt (es wird leider manchmal gemacht), sieht es wie eine Rüsche aus, für einen sportlichen Terrier ganz unpassend.

An der Schulterpartie hören sie etwas oberhalb des Ellbogengelenks zu zupfen auf (Zeichnung 2 und 3b). An der Hinterhand trimmen Sie etwa 6 cm von der Rute nach unten und zupfen, nur mit den Fingern, auch loses Haar an den Seiten aus (Zeichnung 2, weit schraffiert und Zeichnung 4b). Wenn man einen Hund ganz abtrimmen muß, kann auch hier eine Menge ausgehen, aber Vorsicht, es muß genügend Haar für einen guten Übergang zum Seitenhaar und zur hinteren Partie bleiben.

Schwarze Scotties sind in der Regel problemlos zu trimmen. Schwarzes Haar wird durch Schneiden farblich nicht verändert und rötliche Unterwolle, die mal auftreten kann, ist auszutrimmen.

Bei gestromten, besonders hellgestromten und weizenfarbenen Hunden jedoch muß man sich auch nach den Farbzonen des Haars (schwarze Spitzen, helle und dunkle Zone) richten und an den Seiten evtl. weiter als üblich mit den Fingern hinuntertrimmen, bis die Farben nicht mehr so ausgeprägt sind und mit der Farbe des Unterhaars verfließen. Sonst sieht man, je nach Haar, einen hellen oder dunklen Steifen um den Körper laufen. Das Haar wächst einheitlich und farbintensiv nach und kann bei entsprechender Pflege für lange Zeit so gehalten werden.

Die Felder 2 (Zeichnung 2) werden beim Scottish Terrier meistens mit der großen und kleinen Klippschere geschnitten. Bei einem Hund mit sehr festem Haar, besonders wenn es gestromt oder weizenfarben ist, sollten Sie versuchen, wie schon vorn empfohlen, den Oberkopf, die Ohren und soviel wie möglich von der Halsunterseite mit dem Trimmesser zu rupfen. Es geht mit der Zeit immer besser und, die Farben bleiben erhalten.

Wenn Sie scheren, dann mit der großen Klippschere die *Halsunterseite* bis zu der kleinen Warze mit dicken Haaren am Unterkiefer und die *Wangenpartie* bis zu einer gedachten Linie vom äußeren Augenwinkel zum Mundwinkel, ohne diesen freizulegen, *gegen* den Strich. Lassen Sie vor den Ohren etwa 1 cm breit Haare stehen (Zeichnung 5). Die Grenze an den Seiten des Halses bilden die Haarwirbel. Sie sind mit Trimmesser oder Effilierschere zu glätten.

Der *Oberkopf* wird mit der großen Klippschere *mit* dem Strich geschnitten. Setzen Sie den Klipper auf der Linie von einem äußeren Augenwinkel zum anderen an, und schneiden Sie bis kurz vor dem Ansatz der Ohren (Zeichnung 5/6). Für die *Ohren* benutzen Sie die kleine Klippschere (Liliput 2,5 cm oder 3 cm). Schneiden Sie außen vom äußeren Ohrrand bis etwa zur Mitte und den oberen Teil außen wie innen *gegen* den Strich (Zeichnung 7a/b). Begradigen Sie sorgfältig die *Ohrränder* mit der Haarschere zur Spitze zu und betonen Sie dabei die Ohrspitzen. Geben Sie acht auf die »Tasche« innen am Ohrrand.

Am besten machen Sie gleich anschließend die *Feinarbeiten:* Die Haare vor den Ohren werden mit der Effilierschere, von unten nach oben länger werdend, soweit gekürzt, daß der Ohreingang bedeckt bleibt. Achten Sie darauf, daß keine Haare über die Ohrkanten hinaus nach den Seiten abstehen (Zeichnung 6). Die Haare am oberen Ohransatz sollen nicht besonders lang sein, es sei denn, die Größe der Ohren muß etwas kaschiert werden. Das noch lang gelassene Haar zwischen den Ohren wird mit dem Trimmesser übertrimmt, so daß ein guter Übergang zum Hals entsteht. Ein »Krönchen« sollte nicht hochstehen. Die Rückseiten der Ohren gleichen Sie mit Trimmesser oder Effilierschere dem Hinterkopf an (Zeichnung 7a).

Kämmen Sie *die Augenbrauen* nach vorn, und zupfen oder schneiden Sie, mit der Scherenspitze schnippelnd, in der Mitte eine nicht zu breite Schneise heraus (Zeichnung 6). Zupfen oder schneiden Sie einige Haare, die sich vor die Augen legen, wenn nötig auch hochstehende Haare, die die Nasenlinie stören (nicht den Nasenrücken scheren!).

Die Augenbrauen schneidet man mit der Effilierschere vom äußeren Augenwinkel an schräg nach vorn auf etwa 5 bis 6 cm Länge, wie es zum Kopf gut aussieht (Zeichnung 8). Sie sollen die Augen bedecken und nicht zu gerade geschnitten aussehen. Bei festem Haar kann man sie auch, Haar für Haar, in

Form zupfen. Gleichen Sie nun mit einem kleinen Trimmesser oder der Effilierschere von der kurzgeschorenen Wangenpartie zum langen *Barthaar* aus. Hüten Sie sich davor, zu weit unter die Augen zu geraten! Der beste Kopf bekommt dann »Backen« (Zeichnung 9). Lieber lassen Sie ein wenig mehr stehen.

Wenn der *Bart* sehr üppig ist, müssen Sie ihn durch Auszupfen einzelner Haare ausdünnen. Kämmen Sie ihn an den Seiten etwas auf und zupfen Sie mit Geduld die längsten Haare aus. Kämmen Sie ihn zur Kontrolle auch immer wieder nach unten und nach vorn, damit er nicht zu schmal wird (Zeichnung 8). Der lange Kopf wirkt noch gestreckter, wenn der Bart in der Breite der Augen nach vorn verläuft (Zeichnung 8). Bei einem etwas starken Schädel ist darauf besonders zu achten. Weicheres Barthaar übertrimmen Sie leicht mit einem stumpfen Trimmesser.

Da die große Klippschere den Kehlbereich häufig nicht glatt genug schneidet, gehen Sie hier noch einmal mit der Liliputschere darüber. Dann schneiden Sie mit der Effilier- oder Haarschere die Unterseite des Bartes schräg nach vorn, von der Halslinie oder Knick verlaufend (Zeichnung 10, (a) zuviel weggenommen, (b) zuviel stehengelassen).

Die Unterseite *der Rute (Zeichnung 2 und 4, Feld 2)* schneiden Sie mit der großen Klippschere oder der Effilierschere von unten nach oben und gleichen mit der Effilierschere zum getrimmten Haar an den Seiten aus.

In der *Analgegend* und auf einer schmalen Gasse darunter wird das Haar mit der kleinen Klippschere oder der Haarschere kurz geschnitten und mit der Effilierschere zum getrimmten Haar ausgeglichen. Sehr festes Haar läßt sich auch hier gut zupfen. Das lange Haar an der hinteren Partie (Zeichnung 4, Feld 3) dünnen Sie durch Auszupfen einzelner Haare aus, damit es nicht nach hinten absteht, und begradigen es unten, wenn nötig, mit der Effilierschere. Die Hinterhandwinkelung darf nicht freigelegt werden.

Die Pfoten werden unten herum rundgeschnitten. Falls sich Filze zwischen den Ballen gebildet haben (selten bei Scotties), müssen sie mit einer kleinen gebogenen, abgerundeten Schere ausgeschnitten werden.

Wenn Sie *das lange Haar* an Läufen und Brust (Zeichnung 4, Feld 3) immer gut, bis auf den Grund, kämmen, werden keine Filze in den Achselhöhlen und neben Hoden bzw. Scheide entstehen. Wenn es doch passiert, schneiden Sie sie vorsichtig mit der kleinen Klippschere heraus. Schützen Sie die edlen Teile durch Ihre Hand.

Für Niederläufer-Rüden ist generell zu empfehlen, von Zeit zu Zeit vor dem Penis zur Erleichterung der Pflege eine Schneise von etwa 5 cm Länge freizuschneiden. Die Haare vorn am Penis werden nicht zu kurz gemacht, da die Hunde sehr empfindlich sein können. Gras piekt z.B. und es kann zu Reizungen kommen. Bei Hündinnen sind die Haare an der Scheide ebenfalls etwas zu kürzen.

Gleichen Sie nun vom kurzen zum langen Haar aus. *Die Front* soll gerade sein. Zupfen Sie das im Ellbogenbereich stehengelassene Haar (Zeichnung 3b), möglichst mit den Fingern, soweit, bis ein guter Übergang von der kurzgetrimmten Schulterpartie zu den Läufen entsteht (Zeichnung 3d), ohne Einbuchtung (Zeichnung 3c) und ohne abstehende Haare (Zeichnung 3e), welche die Ellbogen lose erscheinen lassen würden.

Die Ellbogen werden nicht so kurz getrimmt wie bei den Hochläufern, denn sie liegen im langen Seitenhaar und sollen sich nicht besonders abheben.

Übertrimmen Sie auch leicht das Haar der Vorderläufe, damit es mit der Zeit kräftiger wird, und begradigen Sie die Rückseiten. Kämmen Sie dazu das Haar nach hinten und zupfen oder schneiden Sie es mit der Effilierschere (Zeichnung 11).

An den Körperseiten zupfen Sie von oben nach unten mit den Fingern überstehende Haare aus, bis der »Behang« ohne einen Absatz gut fällt. Bei gestromten und weizenfarbenen Hunden ergibt sich der nahtlose Übergang, wenn man so weit nach unten trimmt, bis die Farben verfließen. Trimmen Sie außerdem das Brusthaar mit den Fingern oder einem stumpfen, tiefergezahnten Trimmesser locker durch.

Die Hinterhandskizzen (Zeichnung 4) zeigen, was hier vermieden werden muß: »Hosen« (Zeichnung 4b), besonders zu tief gerutschte (Zeichnung 4c) und Fransen, die abstehen. Gleichen Sie sorgfältig, am besten mit den Fingern, aus (Zeichnung 4d). *An den Pfoten* wird das Haar etwas gekürzt (Zeichnung 4e).

Wie man Mängel bei Niederläufern optisch mildern kann, sehen Sie nach »Allgemeine Pflege«.

Wenn das neue Haar lang genug ist, können Sie mit *der* Behandlung beginnen, die Ihren Hund zu einem jederzeit gepflegten und rassetypischen Scottie macht. Bei guter Haarveranlagung haben Sie zwei Möglichkeiten. Entweder, Sie übertrimmen Ihren Hund alle 2 bis 3 Wochen, wie es für Aussteller selbstverständlich ist, oder Sie stellen ihn auf einem Trimm-Rhythmus von 8 bis 12 Wochen, je nach Haar, ein. Wichtig ist in jedem Fall die Regelmäßigkeit!

Das häufige Übertrimmen ist weniger anstrengend. Man kämmt das Haar auf und zupft mit den Fingern oder einem stumpfen Trimmesser die lockeren, meist etwas überstehenden Haare mit dem Strich aus. Dadurch wird es ständig erneuert und hält sich über lange Zeit in guter Kondition. Das gut durchgekämmte lange Haar wird ebenfalls gelegentlich etwas gezupft. Kopf, Hals, Rute usw. sind nach Bedarf, wie beschrieben, zurechtzumachen.

Das Trimmen in größeren Abständen hat den Vorteil, daß sich ein »rolling coat« entwickeln kann (nicht bei jedem Hund). Man braucht dann jeweils nur die obere, überständige Haarschicht auszuzupfen, und darunter kommt das neue feste Haar zum Vorschein. Kopf, Hals, Rute und alles andere trimmt oder schneidet man wie beschrieben. Das lange Haar wird von Zeit zu Zeit etwas überarbeitet.

Bei beiden Versionen braucht der Hund nur selten bis auf das Unterhaar abgetrimmt zu werden, so sehen die Übergänge zum langen Haar ganz natürlich aus. Dafür muß man zwischen geschorenem und längerem Haar an den Halsseiten, an der Rute und der hinteren Partie sorgfältig mit Trimmesser oder (und) Effilierschere ausgleichen.

Nicht sehr festes Haar läßt sich gewöhnlich nur in größeren Abständen trimmen. Das muß man ausprobieren. Vielfach verbessert das Trimmen allmählich die Haarqualität.

Für die Ausstellung soll das getrimmte Haar am Körper 3 bis 5 cm lang sein. Da auch bei regelmäßiger Behandlung einem Rauhhaar-Terrier vielleicht doch einmal im Jahr das ganze Oberhaar ausgeht, ist es ratsam, ein totales Abtrimmen, wenn möglich, in den Spätherbst, Oktober/November, je nach Veranlagung, zu legen, wenn Sie im Frühjahr ausstellen möchten. Richten Sie sich auch nach der wichtigsten Ausstellung!

Trimmen Sie das lange Haar an Läufen, Seiten und Brust noch früher gründlich durch. Das nachwachsende Körperhaar wird regelmäßig jede Woche oder alle 14 Tage, wie vorn beschrieben, übertrimmt. Kopf, Hals, die hintere Partie und die Pfoten machen Sie alle paar Wochen zurecht. Achten Sie auf eine flüssige Hals-Rückenlinie. Bei ständiger Überarbeitung des Haares macht es kaum Schwierigkeiten, durch Auszupfen weniger Haare auf einmal Unebenheiten auf dem Rücken zu glätten und gute Übergänge vom Hals zum Rücken und vom Rücken zur Rute zu schaffen. Nehmen Sie vor dem Rutenansatz hochstehende Haare, die die Linie stören, vorsichtig einzeln weg. Zeichnung 11 zeigt, wo das Haar länger gehalten werden muß, entweder durch früheres Trimmen dieser Stellen oder Nachtrimmen der angrenzenden Partien.

Das lange Haar, der Behang, wird nur noch mit einem mittelweiten Kamm gepflegt.

Etwa 4 Wochen vor der Ausstellung, das richtet sich nach dem Haarwachstum des einzelnen Hundes, trimmen Sie Feld 1 (schraffiert) auf Zeichnung 12 (Schulterpartie, Halsseiten und evtl. Oberkopf und Ohren) mit dem Trimmesser kurz, damit hier wieder festes Haar termingerecht nachwächst. Wenn Sie die Unterseite des Halses, die Wangen, den Oberkopf und die Ohren (Zeichnung 12, Feld 2) scheren, können Sie diese Partien unabhängig vom Trimmen jederzeit nachschneiden.

Etwa 2 Wochen vorher werden die Unterseite des Halses und der Kopf noch einmal mit der großen Klippschere (oder elektrisch mit 3 mm-Scherkopf) gegen den Strich geschoren, die Unterseite der Rute von unten nach oben und die Gasse darunter mit der Liliputschere.

8 bis 10 Tage vorher scheren Sie die Ohren, den Kehlbereich und die Wangen mit der kleinen Klippschere (elektrisch mit 2 mm-Scherkopf) gegen den Strich nach, bei Backenansatz nur an den stärksten Stellen.

Wenn Ihr Scottie sehr festes Haar hat, sodaß Sie auch Kopf, Ohren, die Unterseite von Hals und Rute und die »Gasse« rupfen können - und wollen, besonders bei einem Gestromten, müssen Sie das Haarwachstum beobachten, um diese Partien zur richtigen Zeit kurzzutrimmen.

Nehmen Sie sich Zeit für die *Feinarbeit am Kopf,* vor allem, wenn kleine Mängel zu kaschieren sind. Etwas *gewölbte Wangen* z.B. fallen weniger auf, wenn der Bart schon ein wenig vor den äußeren Augenwinkeln beginnt (Zeichnung 13). Gleichen Sie vorsichtig an den Seiten aus. *Nicht ganz dunkle Augen* werden durch längere Augenbrauen beschattet. *zu große Ohren* wirken evtl.

kleiner, wenn man die Haarbüschel am oberen Ansatz etwas länger läßt, ebenso das Haar zwischen den Ohren, das sich aber hier nicht hochstellen darf.

Kurz vor der Ausstellung zupfen oder schneiden Sie mit der Effilierschere nach gründlichem Durchkämmen die letzten vorstehenden Haare weg. Wenn Ihnen jemand den Hund an der Leine vorführt, erkennen Sie am besten, wo es noch fehlt. Achten Sie besonders auf fließende Übergänge.

Noch einige Tips: Für einen sehr niedrigen Scottie ist es vorteilhaft, wenn das lange Haar an der Vorderhand etwas weiter oben als gewöhnlich beginnt (Zeichnung 3f). Eine beladene Schulterpartie kann man durch länger belassenes Haar an den Halsseiten etwas ausgleichen.

Wenn Ihr Hund nicht kompakt genug ist (vielleicht noch sehr jung), sieht er besser im längeren Haarkleid aus. Es empfiehlt sich, das Haar auf dem Rücken etwas kürzer zu halten als an den Seiten. Für eine Ausstellung müßte der Rücken ca. 14 Tage vor den Seiten abgetrimmt werden.

Auch ein kurzer Hals kann etwas gestreckter wirken, wenn das Rückenhaar nicht zu lang ist. Wichtig ist in jedem Fall, daß zwischen den verschiedenen Haarlängen sorgfältig ausgeglichen wird, damit auch die Hals-Rückenlinie absatzlos verläuft.

Allgemeine Pflege

Benötigte Instrumente: Eine Drahtbürste mit gebogenen Drahtborsten, eine mittelfeste Naturhaarbürste für die Pflege des abgetrimmten Hundes, ein mittelweiter Stahlkamm, eine große und eine kleine Klippschere (Liliput) oder 2 mm- und 3 mm-Scherköpfe für elektr. Maschinen. Außerdem eine Effilierschere, eine Haarschere und eine kleine abgerundete, leicht gebogene Schere, sowie 2 bis 3 Trimmesser und eine Krallenzange.

Täglich mit der Drahtbürste mit dem Strich bürsten, ein bis zweimal in der Woche durchkämmen, so, daß sich auch in den Achselhöhlen keine Filze bilden können. Sie müßten sonst mit der kleinen Klippschere herausgeschnitten werden. Falls sich zwischen den Ballen Filze bilden (selten bei Scotties), werden sie mit der kleinen gebogenen Schere herausgeschnitten. *Die Augen sind trocken auszuputzen, die Ohrmuscheln* werden saubergehalten.

Die Zähne - sobald nötig ist der Zahnstein zu entfernen. Sie können es selbst mit einem Spezialinstrument machen, wenn Sie Ihren Hund konsequent daran gewöhnen, oder Sie gehen zum Tierarzt. Zu empfehlen ist regelmäßiges Putzen der Zähne mit einer entsprechenden Zahncreme für Hunde.

Die Nägel werden nach Bedarf geschnitten oder gefeilt. Die höher sitzende Daumenkralle kann bei Niederläufern zum Rundwachsen neigen und sehr stören. Sie darf nicht zu lang werden, könnte sonst womöglich einwachsen.

Baden selten, nicht kurz vor der Ausstellung. Wenn es nicht zu umgehen ist, dann benutzen Sie ein Spezial Shampoo für Rauhhaar, damit das Haar nicht zu locker ist und weich wirkt. Nach Spaziergängen bei schlechtem Wetter duschen Sie Ihren Scottie unten herum ab. Rüden öfter mal abwaschen! Der Bart sollte nach dem Fressen gewaschen werden.

Wie Sie *Mängel,* die bei allen Niederläufern (wie bei allen Hunden) auftreten, durch Stehenlassen, bzw. Wegnehmen von Haaren an den kritischen Stellen mildern können, zeigt Zeichnung 14.

Zeichnung 1   Zeichnung 2

Zeichnung 3 a   b   c   d   e   f

Zeichnung 4 a   b   c   d   e

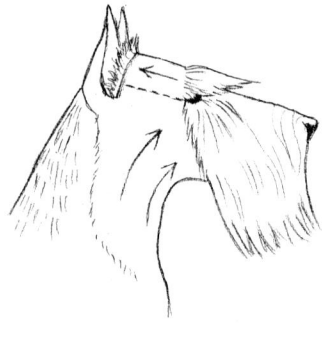
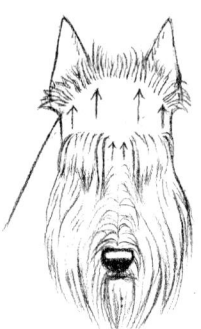

Zeichnung 5 Zeichnung 6

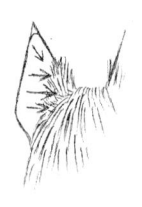
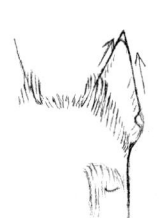

Zeichnung 7 a b

Zeichnung 8

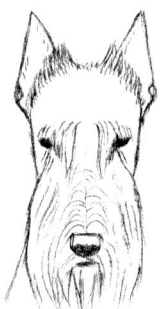
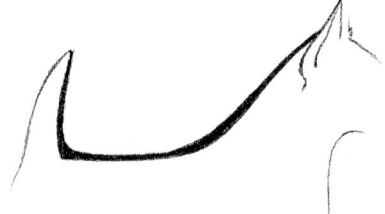

Zeichnung 9 Zeichnung 11

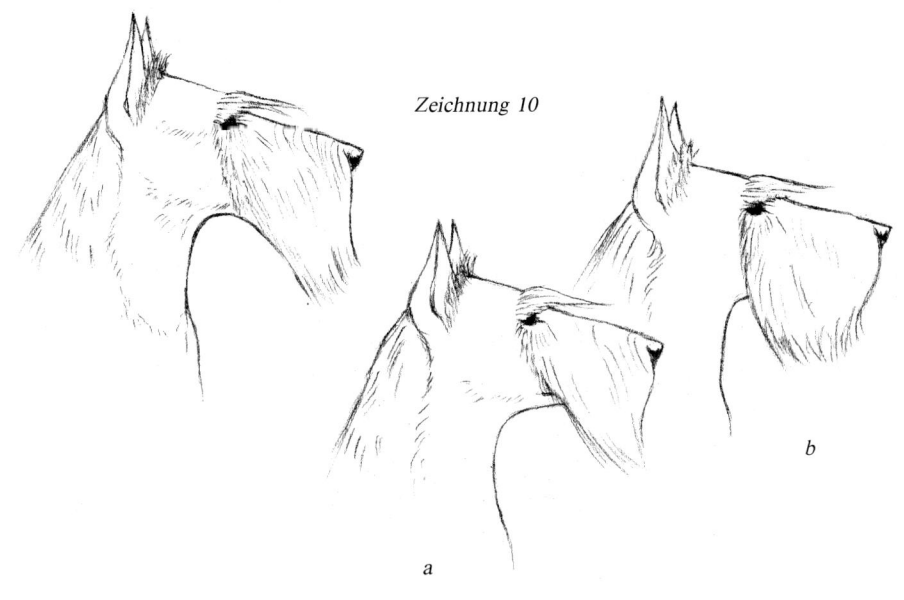

Zeichnung 10

a

b

Zeichnung 12

Zeichnung 13

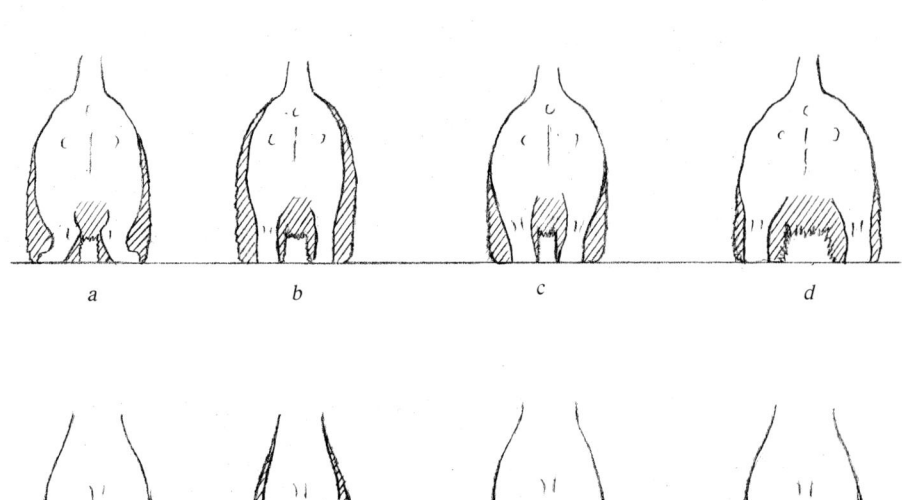
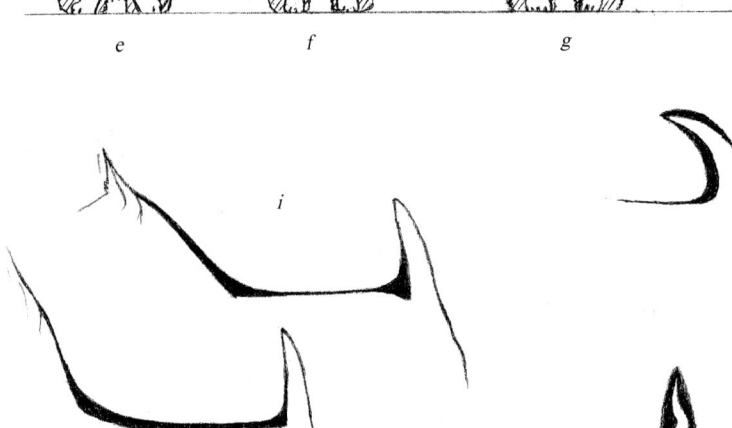
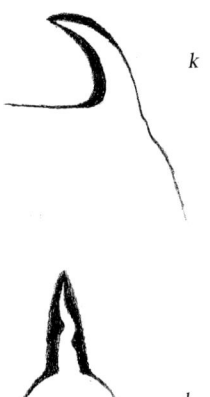

Zeichnung 14:
Korrektur von
Mängeln bei allen
Niederläufern.

a = hackeneng
b = sehr schmal
c = pfoteneng
d = zu breit
e = nach außen gedrehte Vorderäufe
f = sehr schmale Front
g = pfoteneng, dadurch Front nicht gerade
H = sehr breite Front
i, j, k, l = Beispiele für das Ausgleichen von Rücken- und Rutenfehlern

13. SEALYHAM TERRIER

Wir begegnen wie beim Scottish Terrier einem athletischen Hund auf kurzen Läufen. Der Sealyham ist etwas länger im Rücken, hat hängende Ohren und eine kupierte Rute. Er ist reinweiß oder weiß mit kleinen farbigen Abzeichen an Kopf und Ohren. Bei aller Kraft sollte ein Sealyham sehr beweglich und nicht zu schwer sein.

Ende des 19. Jahrhunderts züchtete Captain John Owen Tucker Edwardes auf Sealyham Mansion in Pembrokeshire in Wales kleine Hunde für die Baujagd auf Fuchs und Dachs. Der begeisterte »Sportsmann« hatte feste Vorstellungen von seinem Idealhund. Ein weißes festes, schmutzabweisendes Deckhaar mit dichter, weicher Unterwolle und möglichst kleinen Abzeichen schienen ihm besonders geeignet zu sein für die Arbeit unter der Erde. Anfang des 20. Jahrhunderts festigte sich der Typ mehr und mehr, und 1908 wurde in Haverfordwest der Sealyham Terrier Club gegründet. 1910 erkannte der englische Kennelclub die neue Rasse an. In den 20er Jahren wurden Sealyham Terrier in England sehr populär, in den 30er/40er Jahren gewann er auch in Deutschland viele Freunde. Heute hat es der aparte Sealyham wie der Scottie schwer, sich neben der Konkurrenz von Westie und Cairn Terrier zu behaupten.

Das Trimmen des Sealyham Terriers ähnelt dem des Scottish Terriers, mit Ausnahme natürlich von Kopf und Rute.

Die Welpen werden mit etwa 10 Wochen erstmals wie erwachsene Hunde zurechtgemacht. Kopf und Ohren, Hals, Rute und Hinterteil werden getrimmt, die Pfoten unten herum geschnitten.

Mit 4 Monaten, möglichst früh beim Sealyham, sollte zum ersten Mal das Deckhaar mit einem stumpfen Trimmesser ausgetrimmt werden. Richten Sie sich dabei nach Zeichnung 1 und trimmen Sie Feld 1 bis auf das Unterhaar ab. Trimmen Sie in diesem jugendlichen Alter möglichst auch die Felder 2, vor allem wenn Sie einmal ausstellen möchten, und wenn Kopf und Ohren farbige Abzeichen haben. Diese würden bald verblassen, wenn man schert, und das wäre schade.

Schonen Sie auch nicht das Haar an den Läufen und an der Brust. Übertrimmen Sie es beim Jungtier öfter, desto fester und dadurch pflegeleichter wird es mit der Zeit.

Einige Monate später wird das Haar wieder reif zum Trimmen sein. Wenn Sie Ihren Hund jedoch schon in der Jugendklasse ausstellen möchten, ist es erforderlich, sein Haar in regelmäßigen Abständen zu übertrimmen, um es schon früh in Ausstellungskondition zu bringen.

Nicht alle Sealyhams haben korrektes Haar. Bei manchen überwiegt immer noch die weiche üppige Unterwolle. Solches Haar braucht viel Pflege, und Trimmen sollte etwas später vorsichtig versucht werden, um es nach Möglichkeit zu verbessern.

Die Züchter bemühen sich, die Fehler aus vergangenen Zeiten, als der Sealyham Modehund war, auszumerzen. Damals in den 20er/30er Jahren wurde das feste Drahthaar vernachlässigt. Man bevorzugte Hunde mit übermäßig viel Unterwolle, die das Haar weich und plüschig machte, weil man sie so attraktiver und niedlicher fand. Noch heute muß man auch bei einigen Hunden mit guter Haarveranlagung immer wieder Unterwolle austrimmen, wenn zuviel wächst.

Das Trimmen in seinen Einzelheiten

Lesen Sie bitte dazu auch in den Kapiteln über Scottish und Westhighland White Terrier.

Wenn Sie Ihren Hund total abtrimmen müssen, das wird auch bei guter Pflege oft einmal im Jahr nötig sein, dann trimmen Sie das schraffierte Feld 1 auf Zeichnung 1 mit dem stumpfen Trimmesser oder, was bei reifem Haar manchmal besser geht, mit den Fingern ab. Zupfen Sie an der *Schulterpartie* nicht zu weit herunter (Zeichnung 2b), damit Sie genügend Haar behalten (Zeichnung 2a), um in der Ellbogengegend ausgleichen zu können (Zeichnung 2c).

An der Hinterhand dürfen keine »Hosen« stehen bleiben (Zeichnung 3a), schon gar nicht zu tief gerutschte (Zeichnung 3b). Zupfen Sie hier beim totalen Abtrimmen des Hundes mit den Fingern aus, was leicht herausgeht, wenn man die Haare an den Spitzen faßt (Zeichnung 1, weit schraffiert, und 3c).

Übertrimmen Sie auch mit den Fingern das lange Haar an der Brust, um es dem kurzgetrimmten Körper anzugleichen. Dadurch wird es mit der Zeit auch dichter.

Die Felder 2 auf Zeichnung 1 = Unterseite des Halses, Wangen, Unterseite der Rute und die Gasse darunter (Zeichnung 3), werden bei Familienhunden, die nicht auf Ausstellungen gehen, meistens mit der großen bzw. kleinen Klippschere geschoren, evtl. auch der Oberkopf und die Ohren.

Wenn Ihr Sealyham sehr festes Haar hat, sollten Sie aber wenigstens Oberkopf und Ohren rupfen. Vor allem wenn sie farbige Abzeichen haben. Diese würden sonst, wie schon gesagt, verblassen. Doch auch weißes Haar sieht getrimmt viel besser aus. Nehmen Sie die Zeichnungen 4 und 5 als Anhalt für das Zurechtmachen des Kopfes.

Trimmen Sie den *Oberkopf* (Feld 1 auf Zeichnung 4) mit einem kleinen Trimmesser oder mit den Fingern, wie es besser geht, oder schneiden Sie mit der großen Klippschere *mit* dem Strich. Sie beginnen auf einer gesuchten Linie von einem äußeren Augenwinkel zum anderen (Zeichnung 4 und 5a). Das lange, nach vorn fallende Stirnhaar wird in der Mitte nicht geteilt.

Die *Unterseite des Halses* und die *Wangen* (Feld 2 auf Zeichnung 4) scheren Sie mit der großen Klippschere *gegen* den Strich, an der Kehle bis zu der kleinen Warze, aus der harte Haare wachsen, und an den Wangen bis zu einer Linie ungefähr von den äußeren Augenwinkeln zu den Mundwinkeln. Diese werden nicht freigelegt. Um das Haar an der Kehle gleichmäßig kurz zu bekommen, schneidet man es mit der Liliputschere nach. Gleichen Sie an den Seiten mit dem Trimmesser, den Fingern oder der Effilierschere, je nach Haarqualität, vorsichtig aus. Passen Sie dabei auf, daß Sie nicht zu weit nach vorn unter die Augen geraten (Zeichnung 5b). Der beste Kopf scheint dann Backen zu haben.

Der Bart darf füllig sein, doch er soll nicht nach den Seiten wegstehen und breiter als die Wangen sein. Dünnen Sie ihn mit den Fingern »Haar für Haar« etwas aus, aber vermeiden Sie Einbuchtungen (vergleiche Zeichnung 5c und d). Unten wird das Barthaar schräg nach unten geschnitten (Zeichnung 4).

Die Augenbrauen sollen von den äußeren Augenwinkeln an nach vorn in das lange Stirnhaar verlaufen. Ob Sie mit den Fingern zupfen oder mit der Effilierschere schneiden, kommt auf das Haar an (Zeichnung 4 und 5c).

Versuchen Sie, die Oberseite der *Ohren* zu rupfen. Wenn Sie beim Welpen damit anfangen, wird es bei guter Haarveranlagung mit der Zeit immer besser gehen, auch an den Innenseiten. Nehmen Sie sich Zeit für die Ohrränder. Sie müssen ganz sauber gezupft werden.

Bei weicherem Haar schneiden Sie die Ohren außen mit der großen Klippschere gegen den Strich. Wenn Sie vom Rand aus nach innen scheren, können die Ränder nicht verletzt werden.

Für die Innenseiten benutzen Sie besser die Liliputschere. Vorsicht an der »Tasche«.

Die Unterseite der *Rute* (Feld 2, Zeichnung 3) wird mit dem Strich mit der großen Klippschere geschnitten, die »Gasse« darunter mit der kleinen. Sehr festes Haar läßt sich auch hier gut zupfen.

Beim *Ausgleichen* vom kurzen Haar zum langen an den Läufen und Seiten achten Sie vorn besonders darauf, daß die *Front* gerade ist. Kämmen Sie das Haar in der Ellbogengegend auf, fassen Sie wenige Haare auf einmal an den Spitzen und zupfen Sie, bis keine abstehenden Haare, die auch die Ellbogen locker erscheinen lassen könnten, die Linie stören (Zeichnung 2c).

Kämmen Sie dann das Haar der Vorderläufe nach hinten und begradigen Sie die Rückseiten durch Zupfen oder Schneiden mit der Effilierschere, je nach Haarqualität. Die Ellbogen werde wie beim Scottie nicht kurz getrimmt (Zeichnung 6).

Der Sealyham soll eine ausgeprägte *hintere Partie* haben (englisch = behind). Sie wurde gern durch viel Haar betont (Zeichnung 1,3). Dadurch wirkt der Hund auch länger. Heute ist man davon abgekommen und hebt sogar die Winkelung durch Auszupfen einiger Haare über den Spunggelenken etwas hervor (Zeichnung 3c und 6). Wenn die Unterseite der *Rute* und die Gasse darunter geschnitten werden, ist zum getrimmten Haar mit Trimmesser oder Effilierschere auszugleichen.

An den *Hinterläufen* kürzen Sie das Haar hinten und an den Innenseiten soweit, daß keine Fransen abstehen (Zeichnung 3c und 6). Außen wird es durch Auszupfen einzelner Haare egalisiert. Schneiden Sie die *Pfoten* um die Ballen herum rund.

Wie bei allen Rauhhaarigen gibt es für den Sealyham zwei Möglichkeiten, sein Fell in guter Verfassung zu halten. Da jeder Hund etwas anders im Haar ist, muß der Besitzer die beste Behandlungsmethode für seinen Hund herausfinden.

Für Hunde mit zu üppiger Unterwolle empfiehlt es sich auf jeden Fall, das Haarkleid wie bei Ausstellungshunden regelmäßig öfter durchzutrimmen, mit einem Trimmesser, das besonders die Unterwolle erfaßt. Lose Oberhaare gehen dabei mit aus. Durch regelmäßiges Trimmen alle 8 bis 10 Wochen kann sich ein »rolling coat« entwickeln. Beim Herunternehmen der lockeren Haarschicht kommt dann also das schon nachgewachsene neue Deckhaar zum Vorschein, und man braucht den Hund nur noch selten, evtl. einmal im Jahr, bis auf die Unterwolle abzutrimmen.

Ausstellungshunde, die im Frühjahr in perfektem Haarkleid von 2,5 bis 5 cm Länge im Ring stehen sollen, trimmt man im November oder Dezember, je nach Haarveranlagung, ganz ab und überarbeitet das nachwachsende Haar regelmäßig in kurzen Abständen. Das lange Haar an Brust und Läufen wird noch früher gründlich übertrimmt, am besten mit den Fingern, und danach mit Kamm und Bürste gepflegt. Bringen Sie auch von Zeit zu Zeit Kopf, Ohren, Hals und Rute in Form, und schneiden Sie die Pfoten rund.

Es wurde schon darauf hingewiesen, daß bei Ausstellungshunden möglichst viel mit den Fingern oder mit einem stumpfen Trimmesser getrimmt wird. Das macht etwas mehr Arbeit und erfordert Geduld, aber es lohnt sich!

Etwa 4 Wochen vor der Ausstellung werden Halsseiten und Schulterpartie nachgetrimmt (Zeichnung 6, Feld 1). Hier soll das Haar später nicht zu kurz sein, es darf aber auch nicht auftragen.

8 bis 10 Tage vorher trimmen Sie, je nach Haarwachstum, den Kopf, die Ohren, die Unterseite des Halses und die Unterseite der Rute (Felder 2 auf Zeichnung 1 und 6) noch einmal bis auf das feine Unterhaar ab, damit das neue feste Haar ganz kurz ist.

Beobachten Sie Ihren Hund immer wieder in der Bewegung. Gleichen Sie sorgfältig zwischen den verschiedenen Haarlängen aus, besonders an der Front (Zeichnung 2c), und korrigieren Sie vorsichtig Unebenheiten der Hals-Rücken-Rutenlinie. Zeichnung 7a/b zeigt, wo das Haar durch mehr und weniger Übertrimmen, am besten schon in den Wochen vor der Ausstellung, etwas kürzer oder länger gehalten wird, damit eine flüssige obere Linie entsteht. Wie Mängel optisch gemildert werden können, sehen Sie im Kapitel über den Scottie.

Einige Tips:

Wenn der *Oberkopf* Ihres Sealyhams für die Rasse zu flach ist, trimmen Sie diesen vor Ausstellungen etwas früher ab als Wangen und Ohren, dann ist das Haar hier ein wenig länger. Auch zu hoch getragene *Ohren* lassen sich durch längeres Haar auf dem Oberkopf etwas kaschieren.

Die Ohren sollten unten gerundet sein. Zu spitz zulaufende Ohren kann man mit Haar an den Rändern runder erscheinen lassen (Zeichnung 8). Ein *zu kurzer* Sealy wirkt länglich, wenn an der Vorbrust und der hinteren Partie mehr Haar stehenbleibt. Für einen *schmalen* oder mageren Hund ist längeres Haar am Körper vorteilhaft.

Kreiden ist auf Ausstellungen verboten, doch wenn man am Abend vorher in das feuchte lange Haar etwas Kreide einmassiert und sie am Morgen, noch zu Hause gut ausbürstet, ist gegen diese kleine Verschönerung nichts einzuwenden. Im Handel sind mehrere Präparate erhältlich, wie Magnesium oder

Chalk Helper. Sehr bewährt hat sich ungereinigte Schlämmkreide aus der Apotheke.

Allgemeine Pflege

Benötigte Instrumente: eine Bürste (Striegel) mit gebogenen Drahtborsten, ein mittelweiter Stahlkamm, eine Naturhaarbürste für den abgetrimmten Hund, drei Trimmesser, evtl. eine große und eine kleine Klippschere bzw. 3 mm-Scherkopf, wenn Sie eine elektrische Maschine benutzen, eine Effilierschere, eine Haarschere, eine kleine gebogene, abgerundete Schere, eine Krallenzange.

Täglich mit der Drahtbürste mit dem Strich bürsten und mindestens zweimal in der Woche gut durchkämmen, sodaß sich weder in den Achselhöhlen, noch zwischen den Hinterläufen Filze bilden können. Nach dem Fressen muß der Bart gewaschen werden.

Schneiden Sie von Zeit zu Zeit, falls nötig, Filze zwischen den Ballen mit der kleinen gebogenen Schere heraus. Halten Sie die Ohrmuscheln und die Innenseiten der Ohren sauber und zupfen Sie ab und zu lange Haare aus den Gehörgängen.

Die Augen putzt man morgens trocken zum inneren Augenwinkel hin aus.

Baden ist bei festem Haar und regelmäßiger Pflege selten nötig. Viele Sealys nützen zudem jede Gelegenheit, im Sommer schwimmen zu gehen. Wenn ein Bad vor einer Ausstellung nicht zu umgehen ist, dann verwenden Sie ein Spezialshampoo für Rauhhaar, damit das Haar nicht zu locker wird. Bei schlechtem Wetter empfiehlt es sich, nach einem Spaziergang den Hund unten herum abzuduschen und etwas zu frottieren. Rüden wie Hündinnen sind öfter mal feucht abzuwischen.

Die Zähne kann man regelmäßig putzen, um Zahnstein zu vermeiden, sonst muß der Zahnstein entfernt werden. Sie können es mit einem Spezialinstrument selbst machen, wenn Ihr Hund geduldig ist, sonst überlassen Sie es dem Tierarzt.

Die Krallen sind zu beobachten, vor allem auch die der 5. Zehe an den Vorderläufen, die rund wachsen und einwachsen können. Kürzen Sie sie bei Bedarf.

Zeichnung 1

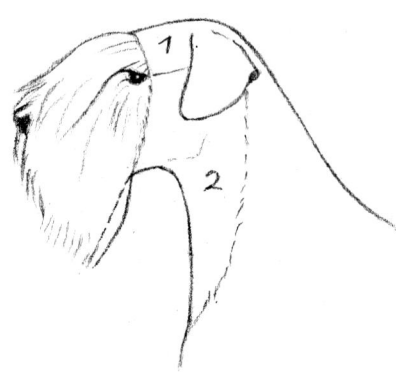

Zeichnung 4

Zeichnung 2b   2a   2c

Zeichnung 3a

Zeichnung 3b

Zeichnung 3c

Zeichnung 5a   Zeichnung 5b   Zeichnung 5c   Zeichnung 5d

Zeichnung 6

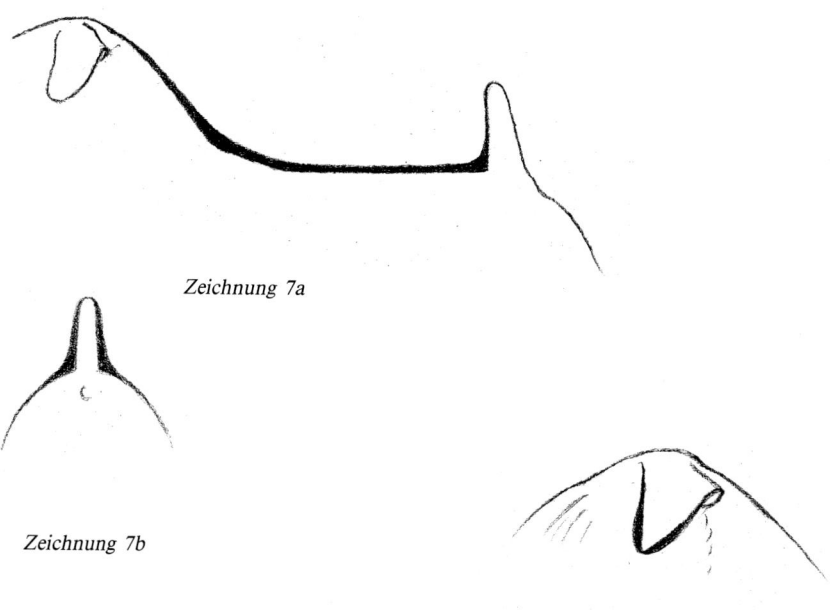

Zeichnung 7a

Zeichnung 7b

Zeichnung 8

14. WEST HIGHLAND WHITE TERRIER

Einst sind sie aus den weniger geschätzten weißen Hunden entstanden, die in Cairn Terrier Würfen fielen, und die man für schwächlich hielt. Erstmals wurden sie von Colonel Malcolm planmäßig gezüchtet, dann 1907 vom englischen Kennel Club als eigenständige Rasse anerkannt. Heute unterscheidet der Westie sich deutlich von der farbigen Verwandtschaft und niemand würde ihn mehr für einen weißen Cairn halten. Natürlich trägt auch die modische Frisur dazu bei. Während für den Cairn Terrier gepflegte Urwüchsigkeit nach wie vor Gebot ist, wurde für den Westie ein Trimming entwickelt, das seine sportliche Terrierfigur betont und den charakteristischen pfiffigen Ausdruck, den seine vielen Freunde so lieben, besonders zur Geltung bringt. Doch, so »putzig«, wie er mit seinem runden Kopf aussieht, ist ein Westie nicht immer. Der Besitzer sollte wissen, daß er bei aller Anschmiegsamkeit und Fröhlichkeit ein gestandener Terrier ist, der für die Jagd gezüchtet wurde und seinem Temperament entsprechend gehalten werden muß.

Trotz seiner Farbe wird er kaum schmutzig, wenn das Haarkleid korrekt ist. Es soll aus festem, glattem, reinweißem Deckhaar ohne Wellen und dichter weicher Unterwolle bestehen.

Viele Westies haben sehr üppiges Haar, das tägliches Bürsten und zwei- bis dreimal in der Woche Durchkämmen bis auf den Grund verlangt, damit der Hund gepflegt aussieht und nicht verfilzt. Er bleibt dabei auch sichtbar sauber und vollkommenes Baden ist nur selten nötig. Bei schlechtem Wetter kann das Brust- und Beinhaar abgeduscht werden.

Das Trimming des West Highland White Terriers ähnelt im Prinzip dem des Scottish und des Sealyham Terriers, wirkt natürlich ganz individuell, besonders durch den Kopf und die etwas höheren Läufe.

Fangen wir beim Welpen an. Wenn Ihr kleiner Westie eine gute Haarveranlagung hat, können Sie im Alter von etwa 3 Monaten das flusige Welpenhaar am ganzen Körper auszupfen. Darunter ist schon das neue, feste Haar nachgewachsen. Zupfen Sie auch das Haar an Kopf und Läufen. Sie brauchen jetzt noch nicht an die spätere Frisur zu denken. Eine Schere benutzen Sie nur, um überstehende Haare unten an den Pfoten zu schneiden, die »empfindlichen Stellen« sauberzuhalten, und evtl. zu lange neue Haare an der Unterseite der Rute zu kürzen, falls sie stören.

Sollte Ihr West Highland Terrier etwas weiches, vielleicht sogar dünnes Haar haben, versuchen Sie ihn etwas später evtl. mit dem Trimmesser, abzutrimmen. Irgendwann geht solches Haar heraus, und es besteht die Hoffnung, besonders wenn man vereinzelte rauhe Haare fühlt, daß der Hund mit der Zeit ein gutes Fell bekommt. Vielleicht sind Sie aber dem Charme eines »Baby's« mit sogenanntem »wooly coat« erlegen (Zeichnung 1a, b = Welpe mit korrektem Haar). Dann wird das Trimmen wahrscheinlich zur Quälerei (man kann es versuchen), und Sie werden sich entschließen müssen, das Haar mit der großen Klippschere oder einer Maschine mit etwa 7 mm-Scherkopf mit dem Strich zu schneiden. Stufen können Sie nachher mit der Effilierschere, evtl. über einen Kamm, ausgleichen. Richten Sie sich sonst nach der Trimmanweisung für den erwachsenen Westie. Daß ein solcher Hund viel Pflege braucht, ist selbstverständlich. Er kann dann sehr hübsch und typisch aussehen, aber für das Züchten und Ausstellen ist er ungeeignet.

Bei einem korrekt behaarten Westie beginnt das Haar etwa mit sechs bis sieben Monaten auszugehen, und man muß es mit Daumen und Zeigefinger oder einem stumpfen Trimmesser, in den meisten Fällen bis auf das Unterhaar, auszupfen. Selten ist bei einem so jungen Hund schon wieder neues Haar nachgewachsen, hat sich also ein »rolling coat« entwickelt.

Nehmen Sie Zeichnung 2 als Vorbild und trimmen Sie Feld 1. Bemühen Sie sich, bei guter Haarqualität auch die Felder 2 zu rupfen, vor allem, wenn Sie vorhaben, auszustellen. Sonst schneiden Sie mit der kleinen Klippschere, mit Effilier- und Haarschere, wie später beschrieben.

In dem jugendlichen Alter braucht Ihr Hund noch keine perfekte Westie-Frisur. Je gründlicher Sie jetzt das Haar am Kopf, an den Läufen und an der Brust (Felder 3) übertrimmen, desto fester und dichter wird es auch hier nachwachsen. Wenn sich die Haarqualität an diesen Stellen, besonders am Kopf, trotz mehrfacher Bemühungen nicht bessert, können Sie immer noch zur Schere greifen.

Zur Pflege Ihres Westies im weichen Unterhaar, und um das Haarwachstum anzuregen, verwenden Sie am besten eine nicht zu feste Naturhaarbürste.

Bei erwachsenen Hunden, die selten, vielleicht zweimal im Jahr, getrimmt werden, vergehen manchmal Wochen bis sich das neue Oberhaar zeigt, besonders nach dem Abtrimmen im Frühjahr, wenn das Haar über den Winter sehr lang geworden ist.

Darum sollte auch ein Westie regelmäßig übertrimmt und zurechtgemacht werden, etwa alle 8 bis 12 Wochen, sobald mehr Haar als gewöhnlich locker wird. Dann kann sich ein ständig nachschiebendes Haar (rolling coat) entwickeln.

Das Trimmen in seinen Einzelheiten

Zeichnung 2: Zupfen Sie mit Daumen und Zeigefinger oder einem stumpfen Trimmesser alles überständige Haar von *Feld 1* bis auf das Unterhaar, bzw. das neue kurze Oberhaar, aus.

Wieweit Sie an den Seiten heruntertrimmen, hängt vom Typ Ihres Hundes ab, die Zeichnung gibt es nur ungefähr an.

Hören Sie da auf wo der Brustkorb am weitesten ist. Beim jungen Hund kann man anfangs mehr wegnehmen, damit das Haar auch unten dichter und kräftiger wird. Später wird das lange Haar ab der Linie, die für Ihren Hund am günstigsten ist, nur noch überzupft und evtl. von Zeit zu Zeit etwas durchgetrimmt und natürlich regelmäßig gekämmt.

Trimmen Sie *vorn* nicht bis zum Ellbogengelenk (Zeichnung 3b und c). Sie brauchen hier Haar zum Ausgleichen.

An der *Hinterhand* zupfen Sie mit den Fingern so viel Haar aus wie leicht herausgeht (Zeichnung 2, weitschraffiert). Es dürfen keine Hosen abstehen, doch es muß genügend Haar für den Übergang zum Seitenhaar bleiben (Feld

3). Hinten lassen Sie das Haar lang, die Sprunggelenke werden nicht freigemacht (Zeichnung 4b).

Bei sehr festem Haar empfiehlt es sich, die *Felder 2* (auch auf Zeichnung 3 und 4) zu rupfen, besonders bei Ausstellungshunden. Im oberen Drittel sorgfältig gezupfte Ohren sehen auf jeden Fall schöner aus. Auch wird die Durchblutung angeregt. Wenn das Rupfen Schwierigkeiten macht, schneiden Sie die Ohren mit der kleinen Klippschere gegen den Strich und die Ränder mit der Haarschere zur Spitze hin (Zeichnung 5a) den Hals mit der Effilierschere, die Rückseite der Rute mit der großen Klippschere von unten nach oben und die Partie darunter mit der kleinen. Der gepunktet angegebene Kehlbereich (Zeichnung 2) ist mit der kleinen Klippschere zu schneiden.

Die *Pfoten* werden unten herum rundgeschnitten oder gezupft, je nach Haar. Filze, die sich häufig zwischen den Ballen bilden, sind vorsichtig mit einer abgerundeten, leicht gebogenen Schere herauszuschneiden. Auch zwischen den Zehen kann sich Haar verfilzen und muß unauffällig weggeschnitten werden, um Reizungen zu vermeiden. Die »empfindlichen Stellen« behandeln Sie, wie es beim Scottish Terrier beschrieben ist.

Beginnen Sie nun mit der Feinarbeit des Ausgleichens, damit das kurze Haar mit dem längeren harmoniert und der Hund nicht grotesk wirkt, besonders wenn er bis auf das weiche Unterhaar abgetrimmt werden mußte.

Der Kopf soll rundlich aussehen (denken Sie an eine Chrysantheme), darf aber nicht übermäßig groß sein. Wenn das Kopfhaar schon eine gewisse Festigkeit hat, können Sie versuchen, durch Zupfen die gewünschte Form zu modellieren. Kämmen Sie dazu Kopf- und Wangenhaar auf und zupfen sie mit den Fingern die längsten, meist losen Haare aus. Lassen Sie den Hund sich zwischendurch immer mal schütteln und herumlaufen, um Ihre Arbeit kontrollieren zu können, aber passen Sie auf, daß Sie nicht zuviel auszupfen, weil es leicht geht. Je nach Haaranlage könnte das Haar zu sehr ausgedünnt werden oder der Kopf nachher zu klein wirken.

Es hat sich bewährt, das Kopfhaar von Zeit zu Zeit zu übertrimmen und die Form mit der Effilierschere zu schneiden. Das hat den Vorteil, daß trotz des Schneidens eine gewisse Festigkeit durch das Zupfen erhalten bleibt und man mit der Effilierschere das Haar auf jede erforderliche Länge kürzen kann.

Kämmen Sie das Haar immer wieder auf, schneiden Sie wenig, und gehen Sie langsam tiefer, dann gibt es keine Löcher. Kürzen Sie das Haar auf dem Oberkopf soweit, daß das obere Drittel der Ohren herausschaut (Zeichnung 5 a und b). Schneiden Sie das Wangenhaar von unten im leichten Bogen nach oben (Zeichnung 5c).

Bei Hunden mit üppigem Haar wachsen richtige Backenbärte, wenn sie längere Zeit nicht zurechtgemacht wurden. In dem Fall muß man hier gut durchtrimmen und dann schneiden. Kämmen Sie zuletzt das Haar nach unten und schneiden Sie mit der Effilierschere eine saubere Linie. Kämmen Sie das Haar hinter den Ohren zur Seite und passen Sie es, am besten mit der Haarschere, dem Wangenhaar an (Zeichnung 5d). Achten Sie darauf, daß der Kopf im Verhältnis zum Körper nicht zu breit wirkt, und natürlich auch nicht zu schmal, wie man es manchmal sieht. Der Westie ist kein weißer Scottish Terrier!

Einige Haare, die sich direkt vor die Augen legen, zupfen Sie einzeln aus (das tut nicht weh), oder schneiden sie, wenn das Haar sehr weich ist. Machen Sie auch den Nasenrücken ein wenig frei, wenn zu viele Haare hochstehen.

Die Front soll gerade sein. Gleichen Sie das Haar der Vorderläufe der kurzhaarigen Schulterpartie an, indem Sie lange, abstehende Haare, besonders im Ellbogenbereich, auszupfen oder, je nach Haarqualität, mit der Effilierschere überschneiden (Zeichnung 3b und e). Vermeiden Sie Einsenkungen, vor allem bei beladenen Schultern (Zeichnung 3c und d). Lassen Sie das lange Haar darum etwas oberhalb des Ellbogens beginnen und gleichen Sie vorsichtig aus.

Kämmen Sie das Haar der *Läufe* nach hinten und begradigen Sie die Rückseiten durch Zupfen oder mit der Effilierschere (Zeichnung 7). *An den Seiten* darf sich das lange Haar nicht wie eine Rüsche abheben (Zeichnung 6a und b). Gleichen Sie durch Ausdünnen, d.h. Auszupfen einzelner Haare, aus oder vorsichtig mit der Effilierschere, wenn das Haar etwas weicher ist und fest sitzt.

Die untere Linie wird mit der Effilierschere oder der Haarschere geschnitten. Bei Ausstellungshunden bleibt das Haar möglichst lang, für den »Hausgebrauch« darf es etwas kürzer sein, doch zum Hund passend.

An der Hinterhand zupfen Sie seitlich abstehende Haare (wenige auf einmal) mit den Fingern aus oder kürzen sie mit der Effilierschere (Zeichnung 4e).

Das lange Haar *an der hinteren Partie* wird überzupft oder mit der Effilierschere etwas ausgedünnt, je nach Haarfülle, damit es gut fällt und nicht aufträgt. Vorsicht, die empfindlichen Stellen! (Zeichnung 4e und 7)

Unten kann es mit der Effilierschere geradegeschnitten werden, in der Länge dem Brusthaar entsprechend (Zeichnung 4e). *Die Pfoten* beschneiden Sie hinten etwas mit der Effilierschere (Zeichnung 7).

Wie bei vielen Rauhhaarigen muß auch beim Westie häufig einige Zeit nach dem vollkommenen Abtrimmen stark nachwachsende Unterwolle ausgetrimmt werden.

Sobald das neue Oberhaar eine gewisse Länge hat und auffallend viele Haare beim täglichen Bürsten ausgehen, können Sie damit beginnen, Ihren Westie so zu pflegen, daß er jederzeit rassetypisch aussieht.

Wichtig ist das Trimmen in bestimmten Abständen, die sich auf acht bis zwölf Wochen, je nach Haartyp, einpendeln werden. Durch die regelmäßige Behandlung kann sich (muß nicht immer) ein »rolling coat« entwickeln, und Sie brauchen später nur jeweils die obere, lockere Haarschicht abzutrimmen um das darunter nachgewachsene Haar freizulegen. Kopf und Ohren, Hals, Rute, Pfoten usw. werden wie beschrieben zurechtgemacht, evtl. auch noch einmal in der Zwischenzeit.

Sie können sich natürlich auch die Erfahrungen der Aussteller zunutze machen und versuchen, Ihren Westie öfter mit wenig Zeit- und Kräfteaufwand, etwa alle zwei bis drei Wochen, zu übertrimmen. Kämmen Sie dazu das Haar auf und zupfen Sie mit Daumen und Zeigefinger alle lockeren, überstehenden Haare aus, oder gehen Sie leicht mit einem stumpfen Trimmesser darüber. Dadurch erneuert sich das Fell ständig, und die Übergänge zum langen Haar bleiben fließend. Selbstverständlich sind Kopf, Hals, Rute, Pfoten usw., sobald nötig, zu trimmen oder zu schneiden. Auch das lange Haar wird von Zeit zu Zeit (nicht zu oft) leicht übertrimmt. Die beste Pflege schließt jedoch nicht aus, daß vielleicht einmal im Jahr, im Spätherbst z.B., doch das ganze Oberhaar herunter muß.

Bei nur zweimaligem Trimmen im Jahr, wie es auch vorkommt, geht gewöhnlich jedesmal das gesamte überständige Oberhaar aus. Bis dahin sind Westies, deren Haar dann sehr lang werden kann, regelmäßig gut durchzukämmen um lose Haare und Unterwolle einigermaßen zu entfernen. Mit getrimmten oder beschnittenen Ohren, Pfoten und Rückseite der Rute sehen sie recht typisch, auf jeden Fall gepflegt aus.

Da jedes Haar etwas anders ist, muß der Besitzer die beste Behandlung für seinen Hund herausfinden.

Für die Ausstellung wird das Haarkleid drei bis fünf Zentimeter lang gewünscht. Das ist nicht immer einzuhalten, besonders wenn mehrere Ausstellungen geplant sind. Stellen Sie sich mit den Vorbereitungen am besten auf die wichtigste Schau ein. Hunde, die in der Jugendklasse in guter Kondition gezeigt werden sollen, müssen in den Monaten davor immer wieder übertrimmt werden, um auch die manchmal üppige Unterwolle in der Jugendzeit zu entfernen.

Bei erwachsenen Hunden hat es sich bewährt, das Haar ein paar Monate vor der Ausstellungssaison ganz abzutrimmen, also im Oktober oder November, je nach Haarwuchs, und das nachwachsende Haar regelmäßig zu überarbeiten. Das Haar an Kopf, Läufen und Brust wird noch früher gründlich mit den Fingern durchgetrimmt.

Bringen Sie immer wieder auch den ganzen Hund in Form, dann haben Sie es später leichter mit den letzten Vorbereitungen. Achten Sie darauf, daß die *Rute* nicht zu dünn wirkt. Das Haar wird nur an der Unterseite kurz gehalten, vorn und an den Seiten entspricht es dem Rückenhaar. Mit Effilierschere, Haarschere und durch Zupfen wird die Rute nach oben verjüngt. Kämmen Sie den *Kopf* schon mehrere Wochen vor der Ausstellung nur noch wenig.

Drei bis vier Wochen vor dem Ausstellungstermin, das kommt auf das Haar an, trimmen Sie mit dem Trimmesser Feld 1 auf Zeichnung 7 kurz, damit diese Partien dann mit neuem, festem Oberhaar bedeckt sind.

Etwa 10 Tage vorher übertrimmen Sie noch einmal die Felder 2 (Zeichnung 7 und 4) und schneiden den Kehlbereich nach. Gleichen Sie gut mit Trimmesser oder Effilierschere zwischen den verschiedenen Haarlängen aus. *Die Ohren* werden sorgfältig bis auf die feine Unterwolle gezupft (oder mit der Liliputschere geschnitten). Sie haben nun noch Zeit, Ihren Hund zu beobachten, wenn er sich schüttelt und bewegt. Korrigieren Sie Unebenheiten des Kopfhaares mit Effilierschere oder Haarschere, und zupfen Sie auch am Körper wegstehende Haare aus. Achten Sie auf eine flüssige Hals-Rücken-Ruten-Linie (Zeichnung 7 und 8). Zeichnung 8 macht deutlich, wo das Haar etwas kürzer oder länger gehalten werden sollte, am besten durch mehr oder weniger intensives Übertrimmen schon in den Wochen davor.

Selbstverständlich werden die Pfoten um den Ballen herum regelmäßig geschnitten.

Wie Sie *Mängel,* nicht nur für Ausstellungen, optisch mildern können, sehen Sie im Kapitel über den Sealyham Terrier.

Gekreidet wird nicht mehr, vor allem nicht auf Ausstellungen. Doch eine dezente Hilfe für die Schönheit darf sein, wenn am Abend vorher etwas Kreide in das feuchte Kopf- und Beinhaar einmassiert und am Morgen vor der Ausstellung gut ausgebürstet wurde. Das Haar bekommt mehr Standfestigkeit, und das Weiß wird eine Nuance weißer (siehe auch »Sealyham«).

Die Farbe der Rasse ist in ihrem Namen enthalten, und viele Westhighland White Terrier bleiben auch bis ins Alter weiß. Zum Kummer der Besitzer bekommen jedoch manche Westies mit sehr festem Haar einen gelben Anflug oder - häufiger - einen Streifen auf dem Rücken. Er kann nach dem Trimmen wieder verschwinden und dann mal wieder kommen. Es ist ratsam, einen solchen Hund nicht gerade in einer Gelbphase auszustellen, zumal mit Kreiden wenig zu machen ist. Wenn das Gelb sehr stört, kann man die Haarspitzen, wo die Farbe meist nur sitzt, abschneiden, am unauffälligsten mit der Effilierschere über den Kamm.

Bei hartnäckiger Färbung (bis bräunlich), und wenn der Hund nicht ausgestellt wird, schneidet man sobald nötig. Dadurch wird das Haar allmählich weicher und - weiß. Das geschnittene Haar sollte aber in jedem Fall auch mit einem Trimmesser übertrimmt werden, um eine gewisse Festigkeit zu erhalten.

Allgemeine Pflege

Sie benötigen: eine Bürste mit gebogenen Drahtborsten, evtl. auch eine kleine, um das Kopfhaar locker aufzubürsten, eine Naturhaarbürste, einen mittelweiten Stahlkamm, eine Effilierschere, eine Haarschere und eine kleine abgerundete, gebogene Schere, sowie eine kleine Klippschere und zwei bis drei Trimmesser (zum Abtrimmen, Übertrimmen und Entfernen überständiger Unterwolle).

Bürsten Sie täglich mit der Drahtbürste mit dem Strich, und kämmen Sie etwas zweimal in der Woche gut durch, sehr vorsichtig das Kopfhaar, damit nicht zuviel Haar ausgeht.

Filze, die sich in den Achselhöhlen und neben Hoden und Scheide bilden können, wenn Sie nicht aufpassen, werden mit der kleinen Klippschere vorsichtig herausgeschnitten, Filze zwischen den Ballen mit der gebogenen Schere. Lange Haare an Penis und Scheide sind von Zeit zu Zeit etwas zu kürzen. Es empfiehlt sich, zur Erleichterung der Pflege vor dem Penis eine Schneise von 3 bis 5 cm Länge zu schneiden.

Die Augen werden morgens trocken ausgeputzt.

Die Ohren sind meist nicht empfindlich, doch sollten die Ohrmuscheln, wenn nötig, sauber gehalten werden.

Die Krallen werden nach Bedarf geschnitten.

Baden ist bei festem Haar und guter Pflege selten nötig. Viele Westies gehen im Sommer gern selbst ins Wasser. Wenn das lange Haar bei schlechtem Wetter sehr schmutzig geworden ist, duschen Sie Ihren Hund unten herum ab. Rüden wie Hündinnen sind öfter mal unten feucht abzuwischen.

Hunde mit sehr weichem Fell (wooly coat) verschmutzen leicht und müssen entsprechend gepflegt und auch gebadet werden.

Zeichnung 1a   *Zeichnung 1b*

Zeichnung 2

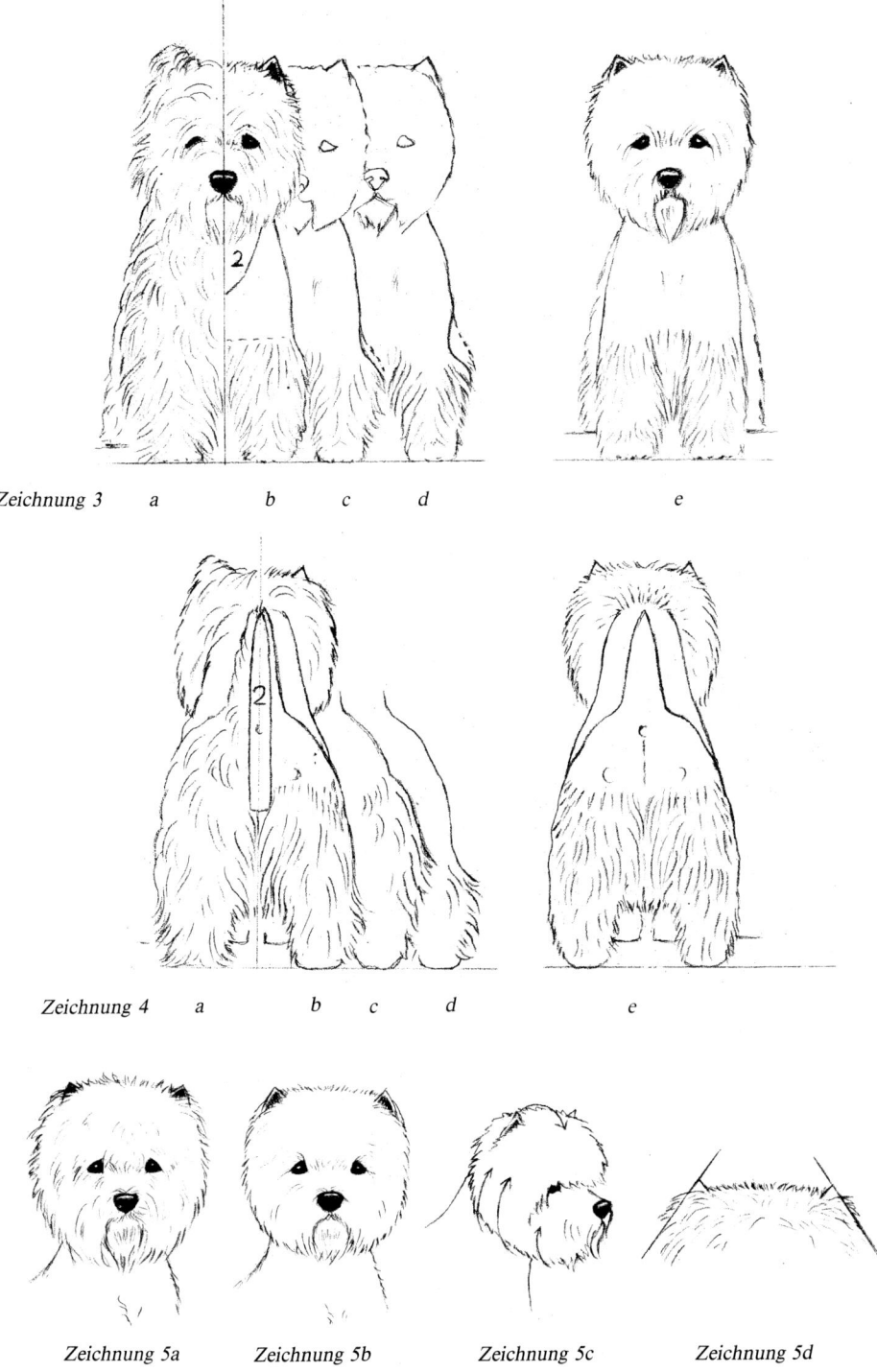

Zeichnung 3 a b c d e

Zeichnung 4 a b c d e

Zeichnung 5a Zeichnung 5b Zeichnung 5c Zeichnung 5d

Zeichnung 6a　　　　　　　　　　　　　　Zeichnung 6b

Zeichnung 7

Zeichnung 8

13. CAIRN TERRIER

Dieser urwüchsige Schotte wurde, wie sein Name andeutet, für die Jagd in Kaninchen- und Fuchsbauten zwischen Steinaufhäufungen gezüchtet. Seine Farben creme, weizen, rot und grau in verschiedenen Nuancen, auch mit Stromung und dunklen Markierungen an Fang und Ohren, lassen ihn oft selbst wie ein Wildtier erscheinen und brachten ihn auf der Jagd sicher manchmal in Gefahr. Die Reaktion eines Jägers, der seinen guten Hund verloren hatte, war die Weiterzucht mit weißen Exemplaren, die mitunter in den Cairnwürfen fielen (siehe Westhighland White Terrier). Heute gehört der Cairn Terrier wegen seiner handlichen Größe, seiner Intelligenz und seines Charmes zu den beliebtesten Haushunden. Er fügt sich überall ein und stellt keine großen Ansprüche an die Pflege, aber er muß gepflegt werden, das heißt gebürstet, gekämmt und etwas getrimmt, um charakteristisch »natürlich« auszusehen. Ein Zottelhund mit Fransen an den Ohren ist kaum als Cairn zu erkennen (Zeichnung 1).

Der Cairn Terrier soll auf einer Ausstellung im vollen Haar gezeigt werden, das obere Drittel der Ohren sauber getrimmt, Rute, Pfoten und die äußere Linie überarbeitet (Zeichnung 2). Er darf nicht modisch wirken, nicht übergetrimmt. Sein Haar ist am ganzen Körper gleich lang, also am Rücken nicht kürzer und dicht anliegend und lang unten an der Brust, wie bei Westhighland, Scottish und Sealyham Terrier. Um einen Cairn auch zu Hause ständig in einem gepflegten, rassetypischen Zustand zu halten, braucht man außer bürsten und kämmen nur von Zeit zu Zeit diese überständigen Haare auszuzupfen und, wichtig für den Ausdruck, die Ohren oben freizutrimmen. Die Pfoten sind unten rund zu schneiden und die Analgegend sauberzuhalten. Totales Abtrimmen, mit Daumen und Zeigefinger, ist einmal im Jahr, im Frühjahr oder im Herbst, manchmal auch zweimal nötig.

Die richtige Pflege beginnt schon beim Welpen. Wenn das flusige, an den Spitzen meist dunkle Welpenhaar im Alter von etwa 16 Wochen lose wird, muß es am ganzen Körper, auch an Kopf, Rute und Läufen, mit den Fingern ausgezupft werden. Bei guter Haarveranlagung steht das neue, feste Haar schon darunter. Welpen mit sehr festem Haar haben kein Welpenhaar. Sie sehen für lange Zeit ganz glatt aus und brauchen auch als erwachsene Hunde wenig Trimming. Welpen mit etwas weichem Haar werden ebenfalls mit 4 Monaten getrimmt, in diesem Fall bis auf die Unterwolle.

Für die nächsten Monate braucht Ihr Junghund nur regelmäßiges Bürsten, ein- bis zweimal wöchentlich, auch als Massage und Anregung des Haarwachstums, und, wenn das Haar länger wird, auch kämmen. Zwischendurch sind die Pfoten untenherum zu schneiden (bei sehr festem Haar zu zupfen), die Ohren zu zupfen, wenn die Haare über die Ränder wachsen (es geht, mit Geduld), und zu lange Haare an der Unterseite der Rute und der Partie darunter wegzunehmen, wenn sie herausgehen.

Sobald Ihr Cairn trotz regelmäßiger Pflege deutlich haart, ist es Zeit, das überständige Deckhaar mit Daumen und Zeigefinger auszuzupfen, bis auf die Unterwolle.

Wenn das Haar am Hals, an den Wangen und auf dem Kopf, das gewöhnlich nicht ganz ausgeht, gründlich übertrimmt und so dem Körper angeglichen wird, sieht ein Cairn im »Unterkleid« ganz passabel aus. Auch zu lange Haare an den Läufen (keine Hosen an der Hinterhand!) und an der Brust werden ausgezupft. Dadurch wächst das Haar überall gleichmäßig nach (Zeichnung 3).

Pflegen Sie es, solange es kurz ist, mit der Borstenbürste und später wieder mit Drahtbürste und Kamm. Die Ohren werden von Zeit zu Zeit nachgezupft, die Pfoten sind etwa alle vier Wochen unten zu schneiden oder zu zupfen und die Analgegend ist kurz zu halten. Übertrimmen Sie auch immer etwas die Unterseite der Rute. Je nach Veranlagung können nach mehreren Wochen immer wieder Haare lose werden, die man auszupft, um das Haarkleid über eine längere Zeit in einer bestimmten Länge zu halten. Bei vielen Hunden jedoch geht beim Kämmen kaum etwas aus, und das Haar wird so lang, daß es sich auf dem Rücken scheitelt. Dann es es bald reif zum Trimmen.

Ein »rolling coat«, der im ganzen unter dem alten Haar nachwächst, sodaß man jeweils nur die obere, überständige Schicht abzutrimmen braucht, ist beim Cairn seltener und eher bei Rüden als bei Hündinnen anzutreffen. Hündinnen, mit denen gezüchtet wird, werden vor dem Werfen oder nach dem Absäugen getrimmt.

Wenn Sie ausstellen möchten, müssen Sie bedenken, wie lange es dauert, bis das Haar Ihres Hundes nach einem totalen Abtrimmen wieder die gewünschte Länge erreicht, und welche Ausstellungen zu welcher Jahreszeit besucht werden sollen. Beim Cairn braucht das Haar am Körper etwa 5 Monate, um in Ausstellungsform (5 bis 7 cm) zu kommen. Also ist der Hund z.B. im Herbst abzutrimmen, wenn Sie im Frühjahr und Frühsommer ausstellen wollen. Dabei ist zu beachten, daß das Rückenhaar am schnellsten wächst. Zupfen Sie darum das Haar an Kopf und Läufen und evtl. an der Brust, wo es sehr langsam wächst, vier Wochen vor dem übrigen gründlich aus. Um zu verhindern, daß sich das Haar auf dem Rücken scheitelt, besonders wenn mehrere Termine geplant sind, ist es ratsam, den Rücken etwas später als Hals und Seiten zu trimmen. Da jeder Hund etwas anders im Haar ist und seinen eigenen Rhythmus hat, muß der Besitzer selbst seine Erfahrungen mit diesen Vorarbeiten machen, um für die wichtigste Ausstellung die beste Form zu treffen.

Zwischenzeitlich werden natürlich Ohren, Pfoten, Hinterteil und Rute zurechtgemacht. Durch gründliches Kämmen ist das besonders im Frühjahr reichlich ausgehende Unterhaar zu entfernen, dann liegt das Deckhaar auch viel besser.

Ungefähr zehn Tage vor der Ausstellung zupfen Sie sorgfältig mit den Fingern das Haar vom oberen Drittel der Ohren innen und außen bis auf das kurze, samtige Unterhaar (Zeichnung 6), schneiden oder zupfen überstehende Haare unten an den Pfoten und überarbeiten den ganzen Hund durch Auszupfen von Haaren, die lose sind oder die Linie stören.

Bürsten und kämmen Sie ihn dafür gut durch, und lassen Sie ihn sich schütteln, danach sehen Sie die Unebenheiten am besten. Durch Auszupfen weniger Haare auf einmal lassen sie sich mit Geduld ausgleichen.

Kämmen Sie das Haar an den betreffenden Stellen partieweise auf, nehmen

Sie es in kleinen Büscheln zwischen Zeige- und Mittelfinger und zupfen Sie die längsten Haare mit kurzem Ruck aus. Achten Sie auf eine harmonische *Hals-Rückenlinie* mit gutem *Übergang zur Rute,* ohne Einsenkungen oder Erhebungen. Kleine körperliche Mängel können Sie mit Geschick ausgleichen (Zeichnung 4). Vor der Rute darf man nicht viel wegnehmen, sonst könnte der Rücken abfallend wirken, andererseits stören aufstehende Haare die Linie (Zeichnung 5), sie sind vorsichtig auszuzupfen. Kontrollieren Sie immer wieder Ihre Arbeit, wenn Ihr Hund frei herumläuft oder von jemandem an der Leine geführt wird.

Die Rute wird rundherum, möglichst auch hinten, durch Zupfen in Form gebracht. Sie ist im unteren Abschnitt dick und verjüngt sich nach oben, sie darf aber nicht zu dünn geraten (Zeichnungen 2 und 5).

Ein Cairn Terrier soll auch im Ausstellungskleid wie ein Naturbursche wirken. *Der Kopf* wird dementsprechend nur soweit zurechtgemacht, daß er gepflegt aussieht. Kämmen Sie alles Haar, auch die Halskrause, nach vorn und zupfen Sie die längsten Haare aus. Lassen Sie den Hund sich zwischendurch bewegen und schütteln und gleichen Sie von vorn die Unregelmäßigkeiten aus. Haare, die sich direkt vor die Augen legen, zupfen Sie einzeln weg. Prüfen Sie, ob Kopf und Krause im richtigen Größenverhältnis zum Körper stehen. Eine sehr üppige Halskrause z.B. muß stärker übertrimmt werden, damit nicht der Eindruck von Kopflastigkeit entsteht, besonders wenn das Körperhaar kürzer ist (Zeichnung 6).

Übertrimmen Sie auch den Kehlbereich. Sie können den Hals, wenn nötig, optisch etwas strecken, indem Sie an den Seiten einzelne Haare auszupfen.

Die Front muß gerade sein. Durch zuviel Haar kann die Schulterpartie beladen erscheinen. Dünnen Sie das Haar vorsichtig mit Daumen und Zeigefinger aus, bis sich eine gute Linie vom Hals zu den Läufen ergibt (Zeichnung 7b). Eine von Natur aus zu muskulöse Schulterpartie kann durch geschicktes Ausdünnen abgeflacht werden.

Das Haar der *Vorderläufe* sollte nach dem gründlichen Trimmen vor Monaten kräftig nachgewachsen sein, und es ist sicher etwas zu überarbeiten. Zupfen Sie besonders im Ellbogenbereich wegstehende Haare aus und begradigen Sie die Rückseiten der Läufe, bei weicherem Haar auch mit der Effilierschere (Zeichnungen 7a und 8).

Die Pfoten werden, wie schon erwähnt, unten herum beschnitten oder gezupft, je nach Haarqualität.

Wenn Sie die *Hinterhand* überarbeiten, achten Sie darauf, daß keine »Hosen« stehen bleiben (Zeichnung 7e) und an der Rückseite beim Laufen keine langen Haare wedeln. Dünnen Sie hier jedoch sehr vorsichtig »Haar für Haar« aus, damit nicht versehentlich die Winkelung der Hinterläufe freigelegt wird. Der Hund darf auch nicht zu kurz wirken (Zeichnung 7d).

In der Analgegend wird das Haar wenn möglich gezupft, sonst geschnitten.

Wie Sie Mängel der Pfotenstellung mit Geschick mildern können, sehen Sie im Kapitel über den Scotch Terrier.

Das Herrichten für eine Ausstellung erfordert beim Cairn, der ja aussehen soll, als sei alles von Natur so gewachsen, etwas Geduld, aber das Ergebnis wird Sie belohnen.

Allgemeine Pflege

Benötigte Instrumente: eine Drahtbürste (mit gebogenen Drahtborsten), eine Naturhaarbürste, ein mittelweiter Stahlkamm, eine Haarschere, eine Effilierschere, ein stumpfes Trimmesser für alle Fälle und eine abgerundete Pinzette.

Ein- bis zweimal wöchentlich mit der Drahtbürste, auch gegen den Strich, bürsten, einmal wöchentlich nach dem Bürsten bis auf den Grund kämmen (immer zuerst bürsten und dann kämmen). Nach dem Abtrimmen ist für das kurze Unterhaar eine Naturhaarbürste zu empfehlen. Filze, die sich zwischen den Ballen bilden können, werden von Zeit zu Zeit herausgeschnitten.

Gebadet wird ein Cairn nur, wenn es wirklich notwendig ist, und dann mit einem rückfettenden Shampoo. Gutes Frottieren danach und an der Luft trocknen lassen, wenn es die Witterung erlaubt, ist besser als fönen. Nach dem Fressen wird der Fang gewaschen, z.B. mit einem Schwammtuch. Rüden sollten öfter mal unten herum gewaschen oder geduscht werden. Sehr lange Haare am Penis sind zu kürzen.

Die Augen werden morgens trocken ausgeputzt.

Die Ohren: Aus den Gehörgängen sind von Zeit zu Zeit lange Haare mit den Fingern oder einer Pinzette auszuzupfen. Wenige Haare auf einmal fassen!

Die Krallen werden, sobald sie zu lang sind, etwas geschnitten. An den Vorderläufen nicht die fünfte vergessen!

Halten Sie die *Zähne* frei von Zahnstein. Wenn es der Hund gewöhnt ist, ist es kein Problem, sonst gehen Sie zum Tierarzt.

Zeichnung 1

Zeichnung 2

Zeichnung 3

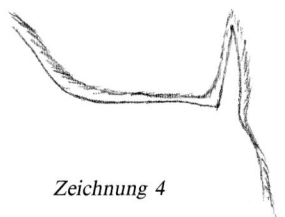

Zeichnung 4

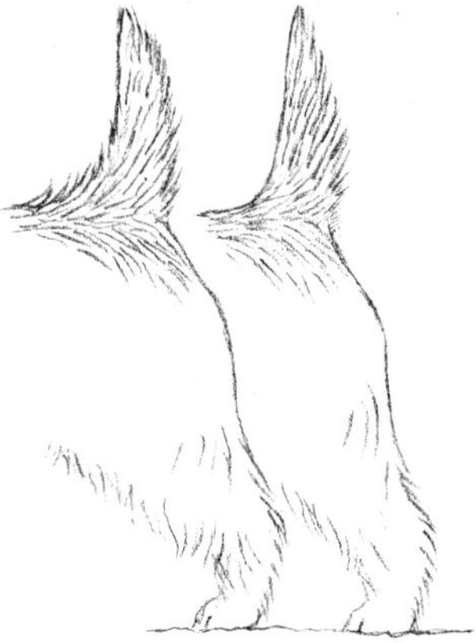

Zeichnung 5    *Zeichnung 6*

Zeichnung 7 a   b    *Zeichnung 7   c   d   e*

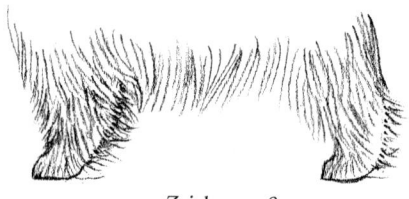

Zeichnung 8

16. NORWICH UND NORFOLK TERRIER

Die kleinsten rauhhaarigen Terrier stammen aus der Grafschaft Norfolk an Englands Nordseeküste. Sie waren ursprünglich eine Rasse mit Stehohren oder mit Kippohren. Als sich die Züchter 1964 entschlossen, die beiden Varianten getrennt zu züchten, behielten die Stehohrigen den alten Namen *Norwich Terrier* nach der Hauptstadt der Grafschaft, während die Kippohrigen *Norfolk Terrier* genannt wurden. Die Ohrenstellung ist im Laufe der Zeit nicht der einzige Unterschied geblieben, doch die Gemeinsamkeiten überwiegen, und für die Pflege gelten die gleichen Richtlinien (Zeichnung 1).

Diese urwüchsigen, unerschrockenen, doch sehr verträglichen kleinen Terrier haben dichtes, anliegendes Rauhhaar in allen Rottönen, Weizen, Black and Tan oder Grizzle, das um den Hals eine Krause bildet. Übermäßiges Zurechtmachen paßt nicht zu ihnen, sie sollen natürlich aussehen, das heißt aber nicht etwa zottelig (Zeichnung 2) oder halb getrimmt (Zeichnung 3).

Täglich bürsten und mehrmals in der Woche durchkämmen ist selbstverständlich, genügt aber, wie bei fast allen Rauhhaarigen, nicht, um das Haarkleid in gepflegtem Zustand zu halten und das Rassetypische erkennen zu lassen. Doch mit wenig Aufwand zusätzlich kann man das erreichen.

Fangen wir beim Welpen an: Mit etwa 3 Monaten, oft schon früher, geht das flusige Babyhaar aus und wird mit Daumen und Zeigefinger in Wuchsrichtung sorgfältig am ganzen Körper ausgezupft, damit das neue Deckhaar ungehindert wachsen kann. Manchmal hat es schon der Züchter gemacht, je nachdem, in welchem Alter der Welpe abgegeben wurde. Sie brauchen den kleinen Kerl für die nächsten Monate nur regelmäßig zu bürsten, anfangs mit einer nicht zu harten Borstenbürste, später mit einer festeren. Das länger gewordene Fell kann man auch ab und zu kämmen.

Die Ohren werden in dieser Zeit nachgezupft, sobald die Haare wieder über die Ohrenränder wachsen (siehe Zeichnung 7), und auf dem Oberkopf sind die in dem Alter häufig noch dünnen, weichen Haare immer wieder zu überzupfen. Die Schere braucht man nur, um die Pfoten rund zu schneiden und für die empfindlichen Stellen. Mit der Effilierschere wird die Rückseite der Rute kurz gehalten. Richten Sie sich auch nach den Anweisungen für den erwachsenen Hund.

Mit 6 bis 7 Monaten hat das Deckhaar seine volle Länge erreicht. Es wird locker und muß möglichst mit Daumen und Zeigefinger bis auf das dichte weiche Unterhaar abgetrimmt werden. Bei manchen Hunden ist sogar schon neues Deckhaar nachgewachsen. Zupfen Sie auch an der Halspartie, wo sich später die Krause entwickeln wird, alle losen Haare aus, ebenso an der Brust, wo das Haar nicht besonders lang sein soll, passend zum Körperhaar.

In Zukunft brauchen Sie Ihren Hund nur noch selten total abzutrimmen, vorausgesetzt, Sie zupfen in regelmäßigen Abständen, die sich mit der Zeit ergeben, die losen Haare aus. Dadurch wächst ständig neues Haar nach.

Doch ab und zu kann trotz dieser Pflege das gesamte Oberhaar ausgehen, z.B. durch Witterungseinflüsse oder nach einem Wurf. Beim Norfolk wird es eher mal überreif als beim Norwich. In dem Fall sollte immer die Halskrause soweit übertrimmt werden, daß der Hund auch im kurzen Haar, in »Unterwäsche« harmonisch wirkt (Zeichnung 4).

Der charakteristische Ausdruck der Rassen wird durch das Trimmen des *Kopfes* hervorgehoben. Man sollte einen Norwich nicht mit einem Cairn Terrier verwechseln können, den Norfolk bewahrt, vielleicht, seine Ohrenhaltung vor dem Irrtum (Zeichnungen 5 und 6). Zupfen Sie zuerst mit den Fingern alle langen Haare außen von den Ohren, bis sie nur noch vom feinen, kurzen, roten Unterhaar bedeckt sind, dann innen und sehr sorgfältig von den Ohrrändern. Sie fallen besonders beim stehohrigen Norwich ins Auge. Auch der Oberkopf wird getrimmt, aber nicht zu kurz, er darf nicht flach erscheinen. Damit bei jungen Hunden hier das Haar fester wird, sollte man es mal ganz kurz abzupfen. Die Augenbrauen bleiben stehen und werden nur etwas gerade gezupft. Das Profil wird markanter, wenn man den Stop durch Auszupfen einiger Haare zwischen den Augen betont (Zeichnung 9).

Vor den Ohren läßt man die Haare nicht zu lang, doch man muß diese Stelle beim Norwich mit Fingerspitzengefühl behandeln und darf nur vorsichtig soviel wegzupfen, wie es zur Größe der Ohren paßt.

Beim Norfolk fallen die Ohren darüber, doch sie liegen besser, wenn die Haare an der Innenseite und vor dem Ohreingang ausgezupft werden.

Etwa vom Jochbein an bleibt das Haar an den Wangen länger, wird aber leicht übertrimmt, damit der Kopf eine gefällige Rundung bekommt. Das Wangenhaar soll fließend in die Halskrause übergehen. Zu lange Haare, die nach den Seiten abstehen, werden ausgezupft, dann erscheint der Kopf voller (weniger ist manchmal mehr!), und es gibt einen guten Übergang zur Schulterpartie.

An der Unterseite des Halses und an der Vorbrust sind nur wenige überstehende Haare auszuzupfen. Das Haar sitzt hier gewöhnlich fester. Es gibt den Hunden die charakteristische vordere Linie, die Sie noch betonen können, indem Sie unter der Kehle in der Mitte das Haar kurz trimmen, nach den Seiten verlaufend (Zeichnung 9).

Die *Vorderläufe* sollen stämmig und gerade sein, doch zu lange, fransige Haare verwischen den Eindruck. Kämmen Sie die Haare auf und zupfen Sie von Zeit zu Zeit die überstehenden aus. Beachten Sie besonders die Ellbogengegend, denn hier dürfen keine Haare seitlich abstehen und womöglich lockere Gelenke vortäuschen (Zeichnung 7).

An der Vorderseite der *Hinterläufe* wird das meist fester sitzende Haar nur wenig übertrimmt, auch wenn das Körperhaar mal sehr kurz ist. Es verkürzt den Hund optisch und schafft einen guten Übergang zum Körper. Über den Hacken nimmt man etwas Haar weg, um die Winkelung hervorzuheben (Zeichnung 9).

Die *Pfoten* sind geschlossene, runde »Katzenpfoten«. Sie werden unten um die Ballen herum saubergeschnitten. Falls nötig (selten) sind Filze zwischen den Ballen vorsichtig herauszuschneiden. Von den hinteren Ballen an zupft oder schneidet man die Haare, nicht ganz kurz, schräg nach oben, an den Vorderläufen bis zu den kleinen hochgerückten Ballen, hinten entsprechend.

Die kupierte *Rute* wird oben und seitlich getrimmt und an der Unterseite mit der Effilierschere beschnitten. Sie muß zum Hund und zur Haarlänge passen, darf nicht zu dünn sein oder wie eine aufgeblühte Blume aussehen.

Die *Hinterpartie* wird jeweils mit übertrimmt. Schneiden Sie mit der Haarschere die Haare um den After herum (und an den empfindlicheren Stellen, Rüden nicht zu kurz!), und benutzen Sie die Effilierschere, um den Mittelstreifen kurz zu halten und nach den Seiten und nach unten vorsichtig auszugleichen. Denken Sie daran, daß beim Laufen hinten keine zu langen Haare wedeln, daß aber alles gut bedeckt ist (Zeichnung 8).

Die Vorbereitung für eine *Ausstellung* macht bei einem regelmäßig gepflegten Norwich- oder Norfolk-Terrier keine große Mühe.

Wichtig ist, daß das Fell eine gute Länge hat, damit die Hunde typisch kurz und gedrungen aussehen. Wenn ein totales Abtrimmen nötig ist, dann muß es früh genug vor dem Termin gemacht werden, denn das Nachwachsen kann lange dauern. In vielen Fällen genügt es, ein paar Wochen vorher (individuell bei jedem Hund) lockere Haare, die im rötlichen Fell deutlich heller sind, auszuzupfen. Natürlich ist es nicht möglich, über Wochen für mehrere Ausstellungen eine Haarlänge zu halten. Wenn sich z.B. ein »rolling coat« entwickelt hat, kann das neue Haar noch sehr kurz sein, wenn man das ausgewachsene, überständige abnimmt. Aber das muß man in Kauf nehmen und dafür das längere Halshaar entsprechend angleichen, damit der Hund harmonisch aussieht. Der Oberkopf wird etwa 2-3 Wochen, je nach Veranlagung, übertrimmt. 8 Tage vorher zupfen Sie die Ohren kurz, betonen den Stop und die Partie unter der Kehle durch vorsichtiges Auszupfen der Haare. Zu der Zeit sind auch die Pfoten unten, die Unterseite der Rute und die empfindlichen Stellen kurzzuschneiden.

Baden - wenn nötig - spätestens 8 Tage vor der Ausstellung. Nun haben Sie noch Zeit, den Hund zu beobachten, besonders wenn er sich geschüttelt hat, und abstehende Haare, z.B. in der Ellbogengegend, wegzuzupfen und Unebenheiten, die die Hals- und Rückenlinie stören, durch leichtes Übertrimmen zu begradigen. Sie können den Hals, wenn erforderlich, optisch etwas strecken, wenn Sie die Krause an den Seiten ein wenig kürzer trimmen und das Kopfhaar etwas länger lassen. Bürsten Sie das Haar an den Seiten der Hinterhand nach vorne, das verkürzt. Kleine Mängel der Pfotenstellung siehe Zeichnung 14 beim Terrier. Das sind alles Nuancen, aber sie machen das Beste aus Ihrem Hund.

Hunde, deren Haar nur in der oberen Zone Farbe hat und nach unten sehr hell wird, was besonders bei black & tan auffällt, stellt man am besten aus, wenn das Haar noch nicht zu lang ist.

Auch bei diesen Rassen und bei allen Farben kommt unerwünschtes weiches Haar vor. Durch häufiges Trimmen von Kindheit an, am besten mit stumpfem Trimmesser, kann man in vielen Fällen allmählich die Haarqualität verbessern. Wenn es nichts nutzt, bei den sogenannten »Fluffies«, schneidet man das Haar von Zeit zu Zeit, nicht zu kurz, entsprechend der typischen Form.

Die allgemeine Pflege

Täglich bürsten mit fester *Naturhaarbürste,* 2-3 x wöchentlich mit *mittelweitem Stahlkamm* gründlich durchkämmen, ab 3 Wochen vor einer Ausstellung täglich. Wenn das Unterhaar stark ausgeht, kämmen Sie auch mal mit einem *engeren Kamm.* Zu Hause Hunde ohne Halsband lassen, um das Haar zu schonen. Am besten sind schmale *rundgenähte Lederbänder* oder *Schlupfleinen.* Nie Geschirr verwenden!

Augen täglich zum inneren Augenwinkel trocken ausputzen.

Ohren von Zeit zu Zeit, wenn nötig, soweit sichtbar trocken ausputzen.

Baden selten und *nie* vor dem Trimmen.

Zeichnungen 1

Zeichnung 2

Zeichnung 3 *Zeichnung 4*

Zeichnung 5 *Zeichnung 6*

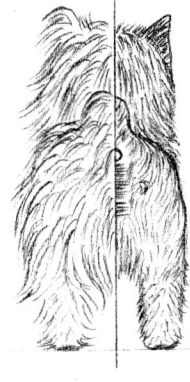

Zeichnung 7 *Zeichnung 8* *Zeichnung 9*

17. GLEN OF IMAAL TERRIER

Diese irische Kraftnatur auf kurzen Beinen mit rauhem Haar in den Farben Weizen, Blau und Blaugestromt, wurde erst 1981 von der FCI anerkannt. In seinem Standard heißt es: »Trimmen erlaubt«. Das bedeutet »zuviel ist nicht erwünscht«, doch wenn Ihr Glen so aussieht wie Zeichnung 1, weil sein Deckhaar die Länge von etwa 10 cm erreicht hat, dann sollten Sie ans Trimmen denken, besonders im Frühjahr.

Zupfen Sie das alte, überständige Haar rundherum mit Daumen und Zeigefinger, evtl. mit einem stumpfen Trimmesser, aus, auch auf den Ohren und, wenn es geht, an den Rändern. Innen kann man schneiden. Das weiche Haar auf dem Kopf wird etwas beschnitten. An den starken Läufen bleibt möglichst viel Haar stehen, wird aber übertrimmt, vor allem die Fahnen an der Rückseite der Vorderläufe. Dabei ist zu beachten, daß die Ellbogen, obwohl die Vorderläufe etwas gebogen sein müssen nicht durch abstehende Haare lose wirken.

Die Schere sollte möglichst nur für die Rückseite der Rute verwendet werden, falls das Haar nicht zu rupfen geht (evtl. Effilierschere), auch für die Analgegend und andere empfindlichen Stellen, und um die Pfoten unten rund zu schneiden.

Bürsten und ab und zu Kämmen ist selbstverständlich.

Wenn Sie Ihren Glen ausstellen wollen, müssen Sie beobachten, wie lange das Haar nach dem Abtrimmen braucht, um wieder eine typische Länge, um 5 cm, zu erreichen. Weizenfarbiges Fell wächst am schnellsten und kann 3 bis 4 mal im Jahr getrimmt werden. Sehr langsam wächst dagegen das blaue Haar, sodaß einmal im Jahr genügt, um es für lange Zeit in guter Verfassung zu halten. Blaugestromtes liegt im Wachstum zwischen blauem und weizenfarbenem. Am besten hält man jedes Fell in Form, wenn man es in regelmäßigen Abständen, vielleicht alle 3 Wochen, leicht durchtrimmt, das frischt auch die Farbe auf.

Zeichnung 1

Zeichnung 2

Die letzten Vorbereitungen für den Auftritt im Ring erfordern nur wenig mehr Aufwand als die tägliche Pflege. Etwa eine Woche davor geht man noch einmal gründlich mit Kamm und Bürste über das Haar und gleicht bei der Gelegenheit Unebenheiten der Hals- und Rückenlinie durch vorsichtiges Zupfen aus. Die Ohren werden sorgfältig getrimmt und Rute und Pfoten, wie beschrieben in Ordnung gebracht (Zeichnung 2).

Baden sollte man nicht zu kurz vor der Ausstellung, weil das Haar sonst etwas weich und locker würde.

18. DANDIE DINMONT TERRIER

Der Terrier mit dem literarischen Namen! Er verdankt ihn Sir Walter Scott, dem schottischen Nationaldichter, der in seinem 1814 erschienenen Roman »Guy Mannering« von einem Farmer und Jäger, Mr. Dandie Dinmont, erzählt und dessen Hunde so treffend schilderte, daß daraufhin diese seit langem von Farmern im Süden Schottlands gehaltenen »Pepper und Mustard-Terrier« unter dem neuen Namen populär wurden.

»Dandies« wirken auf den ersten Blick nicht unbedingt wie Terrier, mit ihrem hellen, weichen Haarschopf, den großen, seelenvollen dunklen Augen, der großen Nase und den hängenden Ohren, in der Farbe, dem Körperhaar entsprechend, in »pepper« oder »mustard«. Der Körper soll wieselförmig und sehr muskulös sein, die Rute ist wie ein Säbel geschwungen. Das Trimming hebt diese Besonderheiten hervor, ohne daß die Hunde übermäßig zurechtgemacht aussehen.

Das Fell besteht etwa zu zwei Drittel aus rauhem Haar, dessen Farbe nur in der oberen, festen Zone des einzelnen Haares sitzt, und zu einem Drittel aus weichem kürzerem, farblich dem rauhen entsprechend, in verschiedenen Nuancen, auch sehr hell. Das obere Haar ist nicht so fest anliegend und glatt wie bei vielen anderen Terrierrassen. Es sollte bei einer Ideallänge von 5 cm in Büscheln, die in einer Spitze enden, fallen. Man nennt das ein »pencilled coat« (wie Bleistifte) (Zeichnung 1).

Jeder Dandie ist etwas anders im Haar und braucht eine individuelle Behandlung. Auch kann sich die Haarqualität eines Hundes im Laufe des Jahres immer wieder ändern. Doch darauf wird sich der Besitzer mit der Zeit einstellen.

Grundsätzlich muß man täglich gut kämmen, bis auf den Grund, besonders Hunde, deren sehr üppiges, meist ganz helles weiches Haar das Oberhaar überwächst. Sonst verfilzt das Haarkleid hoffnungslos und ist nur mit großer Mühe und Geduld wieder in Ordnung zu bringen. Bei solchen Dandies kommt man nicht ohne ein stumpfes Trimmesser aus (z.B. Hauptner Real), um von Zeit zu Zeit das reichliche weiche Unterhaar etwas austrimmen zu können, so daß das farbige Rauhhaar wieder sichtbar wird.

Für ein Haar im gewünschten Mischungsverhältnis ist das Trimmesser nur an einigen Körperstellen zu gebrauchen. Sonst sind Daumen und Zeigefinger die besten Instrumente, um in regelmäßigen Zeitabständen, je nach Haarwachstum, lockere, feste und weiche Haare in Wuchsrichtung auszuzupfen. Man kämmt dazu das Haar etwas auf und faßt wenige überstehende Haare an den Spitzen. Es empfiehlt sich auch, beim Kämmen lose Haare mit dem Daumen auf dem Kamm festzuhalten. So bleibt das Haarkleid über lange Zeit in guter Verfassung, besonders wenn sich allmählich ein »rolling coat« entwickelt, also neues Haar schon nachgewachsen ist, wenn man das längere, überständige auszupft. Doch ab und zu wird man auch einen Dandie stärker abtrimmen müssen. Bei manchen Hunden wird das Haar sehr lang, ohne daß neues darunter nachwächst. Wenn es sich scheitelt und ausgeht, muß man es auf einmal auszupfen.

Wer seinen Dandie ausstellen will, wird sich damit natürlich nach den vorgesehenen Terminen richten, damit das Haar dann wieder eine gute Länge hat.

Zeichnung 2 zeigt schraffiert, wo das Haar wie beschrieben in Form zu halten ist. An der Unterseite des Halses kann man ein Trimmesser benutzen. Sehr weiches oder zu dünnes Haar an dieser Stelle schneidet man besser mit der Effilierschere nicht zu kurz.

Bei jedem Dandie liegen die Übergänge zum weichen, hellen Haar an Brust und Läufen etwas anders. Sie sollen fließend sein, selbst wenn Sie Ihren Hund einmal ganz abtrimmen müssen. Das helle Haar darf nicht wie ein Röckchen abgesetzt sein oder an den Läufen seitlich abstehen. Kämmen Sie es etwas auf und zupfen Sie von oben nach unten die längsten Haare aus, oder schneiden Sie mit der Effilierschere, bis es sich gut anlegt. Vorn muß man besonders darauf achten, daß nicht durch zu viel Haar in der Ellbogengegend eine fehlerhafte Front vorgetäuscht wird (Zeichnung 3). Die *Läufe* sollen gerade sein (Zeichnung 4). Kämmen Sie die Haare auf und, je nach Haarfülle, zupfen Sie die längsten aus oder schneiden Sie die Spitzen mit der Effilierschere. Bei pepperfarbenen Hunden sollten die Läufe immer etwas überzupft werden, um hier die Senffarbe zu intensivieren. Die Fahnen an der Rückseite der Vorderläufe kürzen Sie mit der Effilierschere von den Pfoten an schräg nach oben, ohne die Ellbogen besonders freizulegen. Achten Sie dabei auf die kleinen hochgerückten Ballen.

Die *Pfoten* werden unten herum saubergeschnitten. Wenn sich zwischen den Ballen Filze gebildet haben, schneiden Sie sie mit der abgerundeten Schere heraus.

An der *Rute* wird oben und an den Seiten, wie am Körper, überständiges Haar ausgezupft und das lange Haar an der Unterseite in Form eines »Türkensäbels«, passend zum Hund, geschnitten. Bei sehr weichem Haarwuchs kann man etwas auszupfen (Zeichnung 5).

Um den After ist das Haar mit der Schere kurz zu halten. Es empfiehlt sich, auch darunter mit der Effilierschere eine nicht zu breite Gasse zu schneiden und nach den Seiten, wo das Haar gezupft wird, auszugleichen (Zeichnung 6).

Zwischen den *Hinterläufen* wird das Haar etwas gekürzt, nie bis auf die Haut, ebenso in der *Bauchgegend*. Rüden nur mit dem Strich etwas versäubern. Viele sind sonst nachher äußerst empfindlich.

Das *Brusthaar* schneiden Sie der Körperform folgend etwas kürzer. Groteske Länge ist zu vermeiden.

Der *Kopf* steht farblich im Kontrast zum Körper. Der helle seidige Haarschopf umrahmt mit dem Wangenhaar das Gesicht und gibt ihm ein würdiges Aussehen. Die großen Augen kommen durch den kurzgeschnittenen *Nasenrücken* besonders zur Geltung (Zeichnung 7). Schneiden Sie den Nasenrücken in Breite des Nasenspiegels bis zu den inneren Augenwinkeln kurz, entweder durch Schnippeln mit der abgerundeten Schere (Bartschere) in Wuchsrichtung oder mit der kleinen Klippschere (Liliput), und gleichen Sie nach den Seiten vorsichtig aus. Zupfen ist hier nicht zu empfehlen, da sich die Farbe unerwünscht verändern kann.

Bei den *Ohren* ist es anders. Sie werden auf der Oberseite wegen der Farbe gezupft. Kämmen Sie dazu das Kopfhaar über den Ohren hoch, denken Sie sich eine Linie von der Ohrkante zum äußeren Augenwinkel und zupfen Sie ab da, am besten mit den Fingern, mit Geduld das alte Haar aus, möglichst auch innen, damit die Ränder glatt werden (Zeichnung 8). Unten bleibt, außen wie innen, eine Feder von etwa 5 cm Länge stehen. Sie wird mit der Haarschere zu einer Spitze geschnitten, wenn sie nicht von allein schon so fällt. Sie können die Feder höher oder tiefer ansetzen, wie es die Ohrlänge erfordert (Zeichnung 9).

Bei sehr weichem Haar kann man die Ohren mit der kleinen Klippschere mit dem Strich schneiden und die Ränder mit der Haarschere.

Dünnen Sie das *Wangenhaar* mit der Effilierschere von unten nach oben etwas aus (ca. 2 bis 3 Schnitte am Grund und auskämmen), damit es nicht zu sehr aufträgt (Zeichnung 10).

Der *Haarschopf,* der Topknot, ist ein Blickfang, doch er muß mit der Größe des Hundes harmonieren. Er wird rund geschnitten, sollte aber nicht wie eine Pudelkrone aussehen, eher wie eine Haube. Typisches seidiges Haar bekommt durch etwas Schneiden genügend natürliche Standfestigkeit, die man mit ein wenig Kreide oder Euformalpuder ab und zu noch erhöhen (danach ausbürsten!) kann.

Kämmen Sie das Kopfhaar nach allen Seiten auf und kürzen Sie es mit der Effilierschere oder vorsichtig mit der Haarschere, nicht zu viel auf einmal (Zeichnung 11). Wenn sich Ihr Hund geschüttelt hat, sehen Sie, wo noch weggeschnitten und ausgeglichen werden muß. An den Seiten soll das Kopfhaar nicht über die Ohrkanten hinausreichen. Kämmen Sie es auf und schneiden Sie es in einer Rundung nach oben, ebenso am Hinterkopf (Zeichnung 12). Das heruntergekämmte Wangen- und Barthaar wird unten mit Effilier- oder Haarschere in der Länge passend zum Hund in einem leichten Bogen beschnitten und zum kürzeren Haar des Halses hin ausgeglichen (Zeichnung 10).

Die großen Augen brauchen besondere Pflege, die auch für den Ausdruck vorteilhaft ist. Die häufig sehr lang wachsenden, hellen oberen Wimpern können sich auf die Augen legen und sie reizen. Um dem vorzubeugen und damit dem Tränen, empfiehlt es sich, störende Wimpern zum äußeren Augenwinkel hin (wenige auf einmal) auszuzupfen (es tut nicht weh), oder immer wieder kurz abzuschneiden. Außerdem werden die Augen noch ausdrucksvoller. Manche Aussteller zupfen auch die unteren Wimpern aus, um die dunkle Umrandung der Augen zu betonen. Nötig ist es nicht.

Ein regelmäßig gepflegter Dandie ist für eine *Ausstellung* ohne große Mühe in Form zu bringen (Zeichnung 12a).

Das Fell soll eine gewisse Länge haben, 5 cm oder mehr, je nach Veranlagung, und wie es für Ihren Hund am vorteilhaftesten ist. Das ist zwar nicht zu jedem Termin möglich, wichtig ist jedoch, daß lose Haare früh genug ausgezupft werden.

Etwa 10 Tage vor der Ausstellung wird alles, was kurz sein muß, geschnitten bzw. getrimmt (Nasenrücken, Ohren usw.), damit es nicht zu frisch aussieht. Baden sie Ihren Dandie, wenn es nötig ist, spätestens eine Woche vorher. Der Schopf wird immer einen Tag vor der Schau gewaschen und nachgeschnitten. Zuletzt feuchtet man ihn noch einmal an, kreidet ihn etwas oder pudert in trockenem Zustand und bürstet und kämmt ihn gut aus.

Tips zum Ausgleichen kleiner Unzulänglichkeiten: ein etwas gerader Rücken bekommt mehr Schwung, wenn man das Haar lang läßt und es über den Schultern und vor dem Rutenansatz kürzer trimmt, nicht schneidet! (Zeichnung 13) Bei einem langen Hals kann man den Haarschopf etwas über den Hals ausdehnen, wenn das Haar auf dem Hals nicht zu kurz ist (Zeichnung 14). Vermeiden Sie immer Übertreibungen (Zeichnung 15)!

Jungtieren kann man mit vier bis fünf Monaten (evtl. früher) mit den Fingern das Babyhaar, wo es ausgeht, am Körper, an den Läufen und an der Rute auszupfen. Darunter zeigt sich bei guter Veranlagung schon das neue feste Haar. Auch die Haare auf den Ohren, innen und an den Rändern lassen sich gut auszupfen. Unten bleibt eine Feder stehen. Das Kopfhaar ist natürlich noch kindlich; in dem Alter sind nur die dunklen Spitzen abzuschneiden. Doch wenn der Nasenrücken kurz geschnitten ist, sieht der Kleine schon wie ein Dandie aus. Die Pfoten schneidet man um die Ballen herum rund. Das Haar an der Unterseite der Rute braucht noch wenig Zuschnitt. Bitte, richten Sie sich weiterhin nach den Anweisungen für den erwachsenen Hund.

Jungtiere mit sehr weichem, üppigem Haar machen anfangs viel Arbeit. Sie müssen mit einem stumpfen Trimmesser abgetrimmt werden, möglichst auch an den Ohren. Es lohnt sich, denn das Rauhhaar bekommt Luft und wird zum Wachsen angeregt. Machen Sie es in Etappen. Und - trimmen Sie nach einigen Wochen erneut das zu reichliche weiche Haar aus.

Allgemeine Pflege:

Täglich mit einer nicht zu harten Borstenbürste bürsten und bis auf den Grund mit mittelweitem Kamm kämmen.

Augen täglich trocken ausputzen. Durch etwas Tränenflüssigkeit braun gewordene Haare von Zeit zu Zeit vorsichtig mit der Scherenspitze herausschneiden oder die Augen mit »Diamondeye« von Vitacoat (auf Ausstellungen erhältlich) pflegen. Dadurch werden auch die Haare etwas gebleicht.

Ohren: ab und zu mit einer abgerundeten Pinzette lange Haare aus den Gehörgängen zupfen.

Baden selten, nach Bedarf. Bei schlechtem Wetter unten herum abbrausen. Schopf öfter waschen. Auch leicht pudern mit Euformal Puder oder Grooming Powder oder Kreiden (auch als Spray zu haben) und wieder gut ausbürsten. Dies reinigt und gibt dem Haar Standfestigkeit.

Zeichnung 1

Zeichnung 2

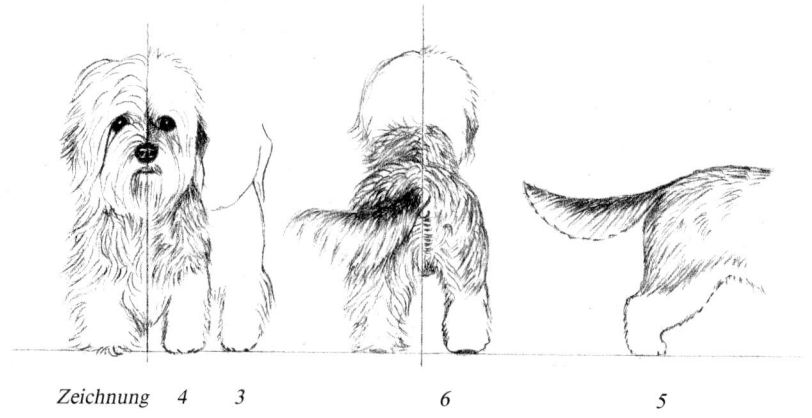

Zeichnung 4　　3　　　　　　6　　　　　　5

Zeichnung 7 　　　　　　Zeichnung 8　　　　　　Zeichnung 9

Zeichnung 10 　　　　　　Zeichnung 11 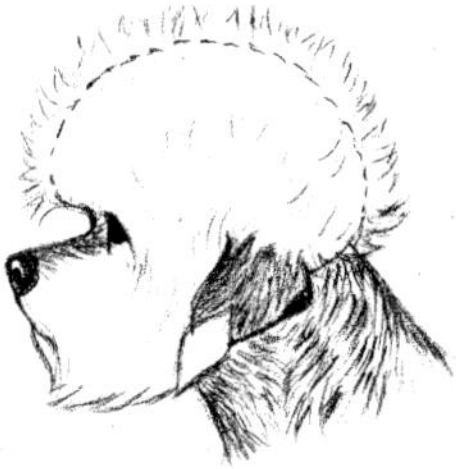　　　　　　Zeichnung 12

Zeichnung 12a

Zeichnung 13

Zeichnung 15

Zeichnung 14

19. AUSTRALIAN TERRIER

Diese Rasse wurde aus verschiedenen englischen Terrierrassen, die Einwanderer im 19. Jahrhundert nach Australien mitgebracht hatten, für die Bedingungen in diesem Land um die Jahrhundertwende gezüchtet. Der kleine, wendige, widerstandsfähige und sehr wachsame Terrier ist in Australien als Jagd- und Hütehund wie auch als Haushund allgemein beliebt.

Sein dichtes, 5 bis 7 cm langes Rauhhaar mit Unterwolle, in den Farben Blau mit Loh (nur bei Junghunden ist Schwarz zulässig), einheitlich Sandfarben oder Rot, wird nicht getrimmt, sondern nur gebürstet und - nicht zu oft - gekämmt. Durch Trimmen würde das Haar zu fest und anliegend, und die Farben könnten sich verändern. Für die Ausstellung kann man jedoch durch vorsichtiges Zupfen Unebenheiten, besonders der oberen Linie, begradigen.

Aparter Kontrast zu allen Fellfarben ist der helle seidige Haarschopf (wahrscheinlich ein Erbe des Dandie Dinmont Terriers), der locker aufliegt und auf keinen Fall flach gebürstet oder herunter gestrichen werden darf.

Zum typischen Ausdruck des Australian Terriers gehören die sorgfältig getrimmten Stehohren. Alle langen Haare werden außen bis zum Ohrenansatz, innen soweit nötig, am besten mit Daumen und Zeigefinger ausgezupft. Fassen Sie nur wenige Haare auf einmal und zupfen Sie mit Geduld auch die Ränder. Dunkles (blue) Haar auf den Ohren wächst langsamer als tanfarbenes und ist seltener zu trimmen.

Damit man die Augen sieht, werden lange Haare, die sich davor legen, ausgezupft und die Haare am Fang nach unten gebürstet. Bei vielen Australians geht im Alter von mehreren Monaten allmählich das Haar auf dem Nasenrücken aus, mitunter bis zur Nasenwurzel, und es entwickelt sich eine Ledernase.

Die Pfoten und Läufe werden bis zum ersten Gelenk getrimmt, mit den Fingern oder mit einem Trimmesser, hinten bis knapp über die Hacken. Unten um die Pfoten und zwischen den Ballen werden die Haare geschnitten. Die Schere wird sonst nur gebraucht um die Bauchregion bei den Rüden sauber zu halten.

Die Rute zupft man rundherum, passend zu Länge des Körperhaars. Auf der Unterseite bleibt eine kleine Feder erhalten. Auch das Hinterteil wird etwas in Form gezupft.

Allgemeine Pflege:

Mit Drahtbürste mit Gummibett und besonders langen Drahtborsten täglich bürsten und dadurch totes Haar entfernen. Für Junghunde nimmt man eine Borstenbürste. Gebraucht wird außerdem ein mittelweiter Stahlkamm, eine Haarschere (oder Bartschere) und ein kleines Trimmesser. Baden: Selten, nach Bedarf. Der Haarschopf wird öfter gewaschen, besonders vor Ausstellungen. Man kämmt ihn locker auf, nie nach unten oder nach hinten.

Um die Halskrause zu schonen, ist das Halsband zu Hause abzunehmen. Am geeignetsten sind schmale rundgenähte Lederhalsbänder.

Australian Terrier.

D. NIEDERLÄUFER MIT WEICHEM HAAR

20. SKYE TERRIER
Diese attraktiven Terrier von Schottlands Westküste und der Isle of Skye fallen vor allem durch ihr langes Haar auf, das vom Kopf, von den Stehohren und vom langgestreckten Körper bis fast auf den Boden herabfällt. Es besteht aus hartem, sehr langem Deckhaar in den Farben Schwarz, Grau in allen Schattierungen, oder Cremefarben mit dunklen Ohren und dichter, kurzer Unterwolle.

Daß ein solcher Hund gepflegt werden muß, um seine volle Schönheit zu zeigen, ist selbstverstndlilch, aber der Aufwand ist nicht größer als bei jedem Langhaarhund. Man braucht dazu eine Drahtbürste mit Gummibett, eine nicht zu harte Borstenbürste für empfindliche Gegenden, einen mittelweiten Stahlkamm und eine Schere.

Gewöhnen Sie Ihren Welpen von Anfang an daran, daß Bürsten und Kämmen auf dem Tisch (mit rutschfester Unterlage) zum täglichen Leben gehört. Mit gutem Zureden und Bestimmtheit lernt er schnell, auch daß es im Liegen sehr angenehm ist. Um einen größeren Hund hinzulegen, greift man nach Vorder- und Hinterlauf der Seite, auf der er liegen soll, unter ihm durch und zieht ihn langsam unter Zureden auf sich zu.

Beim jungen Hund genügt es, ihn auf jeder Seite von der Nase bis zur Rutenspitze nach unten zu bürsten und darauf zu achten, daß sich unter den Vorderläufen, in den Weichen, hinter den Ohren, am Kopf und vorn am Hals keine Filze bilden. Mehr als 2 bis 3 mal in der Woche ist nicht zu empfehlen, weil zuviel Haar verlorengehen kann.

Den erwachsenen Hund, dessen Haar sich hoffentlich reich entwickelt hat, können sie genau so behandeln, Sie können aber auch das Seiten- und Rückenhaar des liegenden Hundes zunächst über den Rücken bürsten, dann das Brusthaar und die oben liegenden Läufe gut durchbürsten und kämmen, danach partienweise das Körperhaar bis auf den Grund herunterbürsten und kämmen. Dann drehen Sie Ihren Hund um und verfahren genauso auf der anderen Seite, und danach darf er sich schütteln. Diese Methode hat den Vorteil, daß das Haar lockerer fällt, was für etwas schmale Hunde günstig ist.

Nun bürsten und kämmen Sie das Kopfhaar gut durch und - vorsichtig - an den Ohren, damit nichts von dem charakteristischen Behang verloren geht. Zuletzt ziehen Sie den Scheitel, mit einer Stricknadel oder einem Stielkamm, vom Stop des Kopfes bis zum Rutenansatz und streichen die Haare mit den Händen nach den Seiten.

Von Zeit zu Zeit ist es nötig, unten an den Pfoten die langen abstehenden Haare (Zeichnung 1) abzuschneiden. Es sieht viel besser aus (Zeichnung 2). Wenn sich zwischen den Ballen Filze gebildet haben, müssen sie herausgeschnitten werden.

Alle 6 bis 8 Wochen sollte ein Skye gebadet werden, einen Rüden kann man öfter einmal untenherum abduschen.

Wenn Sie Ihren Hund ausstellen wollen, muß er 8 Tage vor der Schau mit rückfettendem Shampoo gebadet werden. Obwohl die Rasse nicht anfällig für Ohrenerkrankungen ist, und die Gehörgänge meist frei von Haaren sind, ist Vorsicht beim Waschen des langen Ohrenbehangs geboten.

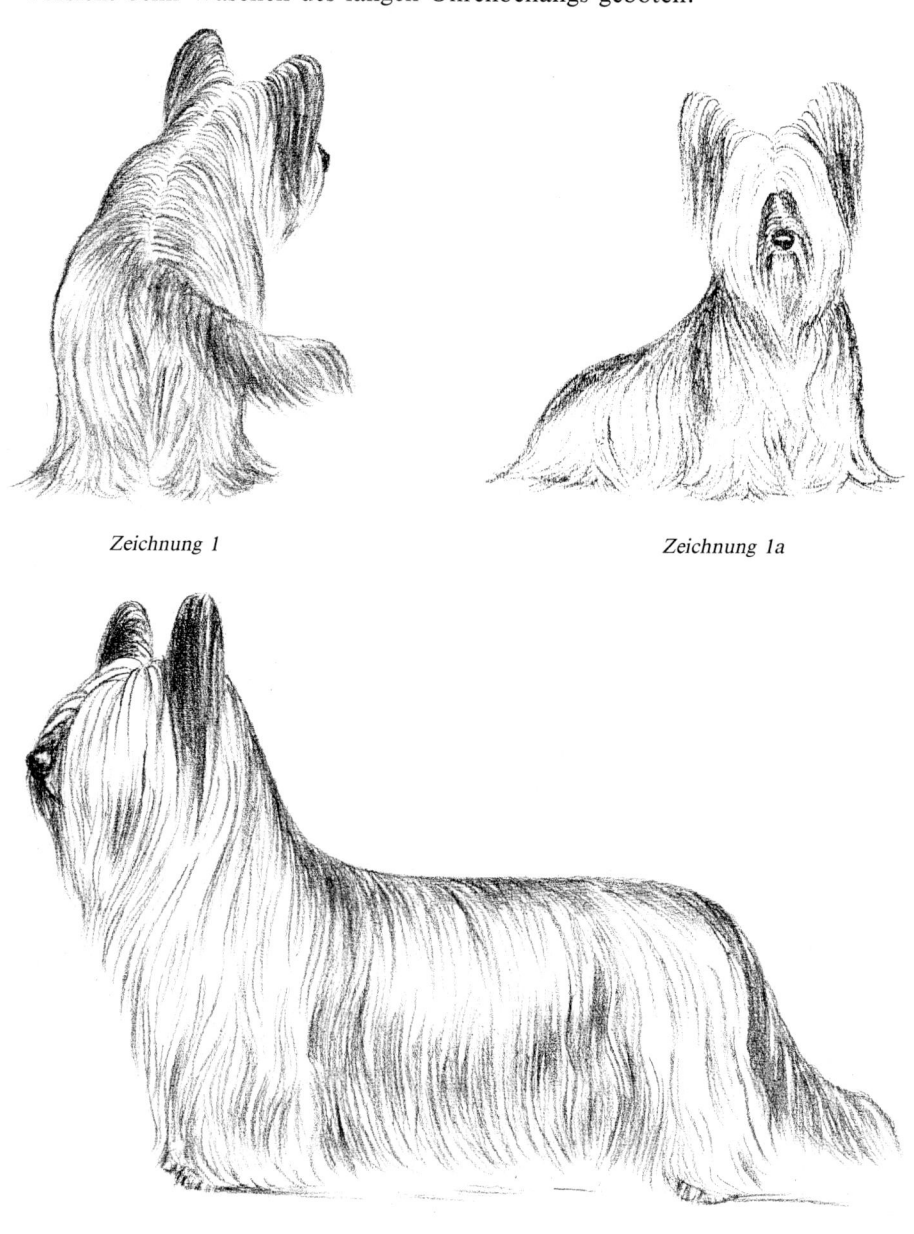

Zeichnung 1   Zeichnung 1a

Zeichnung 2

21. ČESKY TERRIER

Diese Rasse ist eine Schöpfung des Tschechischen Kynologen František Horak, sie wurde aus Scottish und Sealyham Terriern für die Baujagd gezüchtet. 1963 erkante ihn der FCI (Fédération International Cynologique) als eigenständige Rasse an.

Obwohl seine Vorfahren rauhhaarige Terrier sind, wurde für den Česky ein weiches, welliges (niemals krauses) Haar ohne Unterwolle herausgezüchtet, das geschoren wird. Es kann grau-blau, heller oder dunkler sein, oder braun (nur mit brauner Nase).

Horak empfiehlt, den Česky folgendermaßen zu schneiden: Das Haar auf Rücken und Hals soll etwas länger gehalten werden als an den Seiten des Körpers, des Halses und an der Vorderseite des Halses, am Oberkopf und an der Rute.

An den Vorderäufen, an Brust und Bauch und an der Vorderseite der Hinterläufe, in einem Bogen bis zu den Hacken verlaufend, bleibt das attraktive Haar stehen, wird jedoch soweit beschnitten, daß es nicht absteht und beim Laufen flattert.

Wo Sie mit dem Scheren beginnen ist gleich, es kommt auch auf den Hund an. Einen Neuling, besonders einen Welpen, wird man nicht gleich mit der Bearbeitung des Kopfes konfrontieren. An das Surren oder Klicken der Schere in Ohrennähe muß er mit Geduld gewöhnt werden.

Wenn es die Witterung erlaubt, kann man ein Jungtier schon im Alter von 3 Monaten zurechtmachen.

Schneiden Sie am besten mit der großen Klippschere oder einer elektrischen Maschine mit 3 mm-Scherkopf *in Wuchsrichtung* das Haar auf der Oberseite des Halses, auf dem Rücken und etwas über den Rutenansatz hinaus kurz. Die Rute selbst wird *gegen den Strich* geschoren, ebenso die Körperseiten, die Hinterhand und die Schultern von der Linie an, wo das lange Haar beginnt. Die Ellbogen sollen frei liegen, damit man die Aktion sehen kann.

Auch der Hals und die Kehle, die Wangenpartie bis zu den Augen und den Mundwinkeln, der Oberkopf vom Ohrenansatz an bis zum langen Stirnhaar, sowie die Ohren, außen und innen, sind *gegen den Strich* kurz zu scheren. Die Ohrränder werden mit dem Strich saubergeschnitten. Den Hinterkopf schneiden Sie ab Ohrenansatz zur optischen Verlängerung des Kopfes *mit dem Strich* (Zeichnung 1).

Die Zeichnungen machen deutlich, wie der Kopf aussehen soll (Zeichnung 3). Das Stirnhaar schneiden Sie vom äußeren Augenwinkel an schräg nach vorn, an den Seiten schaffen Sie mit der Schere (oder Effilierschere) einen Übergang zum langen Barthaar. Es sollte nicht abstehen, aber der Kopf darf auch nicht unter den Augen einfallen. Vorsicht bei stärkeren Backen!

Sehr sorgfältig sind alle Übergänge zwischen den verschiedenen Haarlängen auszugleichen, besonders vom kurzen zum sehr langen Haar an Körper und Läufen. Man darf von oben keine »Rüsche« sehen, und die Vorderläufe sollen säulenförmig erscheinen (Zeichnungen 4 und 4a).

Um das zu erreichen, schnippelt man mit der Scherenspitze vorsichtig von oben nach unten. Zu langes Haar wird gekürzt, auch am Bart. Die Hinterläufe werden auf der Rückseite kurz geschoren, damit die Winkelung gut sichtbar ist. Etwas eingerückt (Zeichnung 5) beginnt das lange Haar an den Innenseiten. Bei den Rüden schneidet man um den Penis mit dem Strich sauber.

Die Pfoten sollen groß aussehen. Sie werden lediglich zwischen den Ballen ausgeschnitten. Das lange Beinhaar fällt darüber und wird unten rundherum beschnitten.

Diese Schur kann man von Zeit zu Zeit wiederholen, wenn die Ohren Fransen bekommen, die Backen etwas dick werden und der Hals unelegant wirkt.

Wichtig ist beim Česky Terrier, daß jedesmal der ganze Hund geschnitten wird. Man muß also auch das längere Hals- und Rückenhaar mit überschneiden, sonst ist die Farbe nicht einheitlich. Zwischendurch sollte ein Česky immer wieder einmal zur Farbauffrischung und Verbesserung des Felles total gegen den Strich geschoren werden, besonders Junghunde (Zeichnung 2). Im Winter läßt man die Hunde länger im Fell und macht nur Kopf, Hals, Hinterteil und Unterseite der Rute kurz.

Wenn Sie Ihren Česky Terrier ausstellen wollen, beginnen Sie mit der Schur 6 bis 8 Wochen vor der Schau, evtl. auch früher, je nach Haarwachstum. Helleres, feines Haar wächst schneller als dunkles, festeres.

Scheren Sie zuerst den ganzen Hund, bis auf das lange Haar, *gegen den Strich* kurz (Zeichnung 2).

Etwa 14 Tage bis 3 Wochen danach, oder früher, wird alles bis auf Rücken, Halsoberseite und Hinterkopf nachgeschoren (Zeichnung 1). Das Haar am Hinterkopf und auf dem Hals wird mit dem Strich etwas nachgeschnitten. Dabei ist auf einen harmonischen Übergang zum längeren, leicht gewellten Rückenhaar zu achten. Festeres Haar kann man etwas länger lassen als weiches. Gewünscht werden 1 bis 2 cm. Auch das Rückenhaar wird wegen der Farbe leicht überschnitten!

8 bis 10 Tage vor der Ausstellung baden Sie Ihren Česky und scheren dann noch einmal die Vorderseite des Halses, Kopf, Ohren und Unterseite der Rute gegen den Strich kurz und gehen mit dem Strich leicht über Hinterkopf, Oberseite des Halses und den Rücken.

Die Ellbogen werden mit der kleinen Klippschere überschnitten. Gut ausgleichen zwischen den verschiedenen Haarlängen und die Pfoten wie beschrieben rundschneiden.

Für das Vorführen im Ring wird das lange Haar gründlich gekämmt, das Rückenhaar *gegen den Strich,* danach streicht man leicht mit der Hand über den Rücken. Fertig!

Allgemeine Pflege

Täglich bürsten, 2 bis 3 mal wöchentlich kämmen, baden nach Bedarf, von Zeit zu Zeit, wenn nötig Ohren auszupfen.

Geräte: kleine Bürste mit gewinkelten Stahlborsten, mittelweiter Stahlkamm, große und kleine Klippschere oder elektrische Maschine mit 3 mm-Scherkopf, Haarschere, evtl. auch Effilierschere.

Zeichnung 1

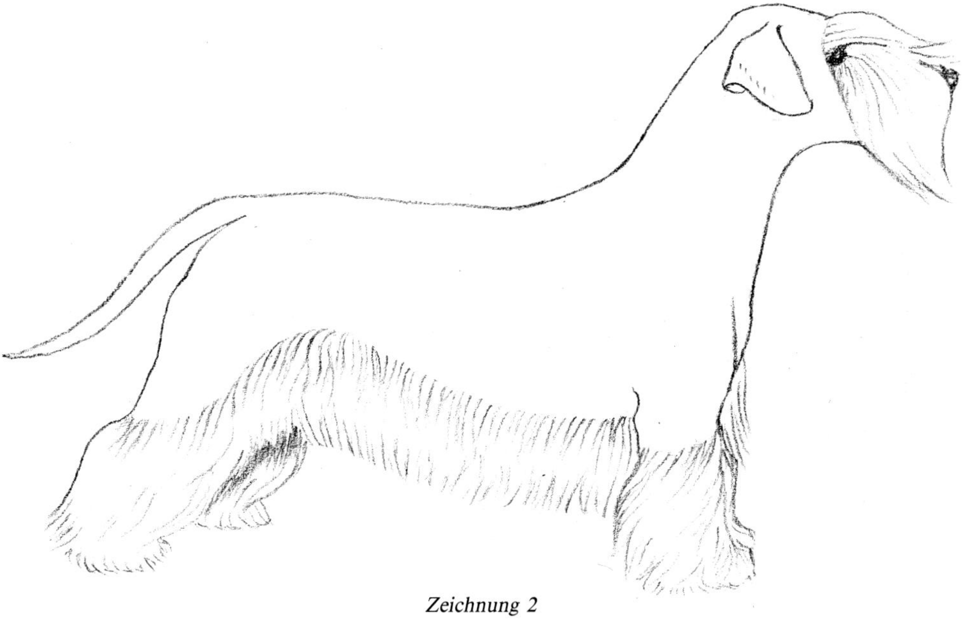

Zeichnung 2

Zeichnung 3   Zeichnung 3a

Zeichnung 4   Zeichnung 4a

Zeichnung 5

22. AUSTRALIEN SILKY TERRIER

Dieser attraktive Kleinhund wurde in Australien aus Yorkshire Terrier und Australian Terrier gezüchtet. 1959 legte der Australian National Kennel Council einheitliche, verbesserte Zuchtbestimmungen und den allgemein gültigen Namen »Australian Silky Terrier« fest.

Der Silky Terrier steht in der Größe zwischen seinen Ahnen. Sein feines seidiges Haar ohne Unterwolle ist blue und tan oder graublau und tan, aber nicht stahlblau wie das des Yorkshire. Es fällt vom Mittelscheitel an den Seiten schlicht herab und soll nicht länger als 12 bis 15 cm werden.

Das silbrig bläuliche Kopfhaar wird in der Mitte gescheitelt und umrahmt das Gesicht. Ein Teil davon fällt hinter die Stehohren (Zeichnung 1).

Die langen Haare an den Ohren werden mit Daumen und Zeigefinger, wenige auf einmal, ausgezupft, an den Außenkanten bis zur Tasche, oder geschnitten. Dazu wird gern eine kleine Maschine benutzt oder eine kleine Klippschere. Die Ränder sind mit der Haarschere sauber zu schneiden.

Zum typischen Ausdruck des Silky gehört das freie Vorgesicht (Zeichnungen 1 und 2). Die Augen dürfen nicht von Haaren verdeckt werden. Bei manchen Hunden genügt es, das Haar am Fang von Jugend an herunter zu bürsten, bei anderen ist es nötig, von Zeit zu Zeit den Nasenrücken, über dem Stop in einer Spitze zulaufend, kurz zu schneiden, am besten mit der Bartschere mit dem Strich schnippelnd, oder mit der Klippschere.

In Australien wird der ganze Fang bis zu den Mundwinkeln mit der Klippschere geschnitten, was bei uns als zu extrem empfunden wird (Zeichnung 3).

Wie beim Australien Terrier soll auch beim Silky das Haar an den Pfoten und Läufen bis zum ersten Gelenk kurz sein. Es wird mit der Klippschere geschnitten, unten um die Pfoten mit einer Haarschere. Die Haare über den Gelenken werden herunter gekämmt und etwas gekürzt, wenn sie zu lang sind (Zeichnung 4).

An der Rutenunterseite bleibt eine kleine Befederung, in der Länge passend zum Hund. So kurz wie in Australien macht man die Ruten hierzulande nicht.

Um den After und bei den Rüden in der Bauchregion werden die Haare regelmäßig geschnitten.

Allgemeine Pflege

Werkzeug: Drahtbürste mit abgerundeten Drähten auf Gummibett, Stahlkamm, eng und etwas weiter, Echthaarbürste (Wildschwein), kleine Klippschere (Liliput) oder kleine elektrische Schere (1 mm-Scherkopf, feingezackt), Haarschere und Bartschere.

Täglich mit der Drahtbürste bürsten und bis auf den Grund kämmen, auf dem Kopf und dem Rücken Scheitel ziehen. Nichts wickeln, kein Schleifchen.

Augen trocken ausputzen, *Ohrmuscheln* nach Bedarf mit Wattestäbchen reinigen. Von klein auf an Pflege und Trimmen gewöhnen. Bei Jungtieren werden die Ohren mit vier Wochen zum ersten Mal gezupft oder geschnitten, dann alle 14 Tage.

Baden alle 6-8 Wochen und vor jeder Ausstellung, mit rückfettendem

Shampoo. Vor einer *Ausstellung* ist zu empfehlen, das Haar 3 Wochen lang mit Mandelöl zu behandeln und einen Tag vorher zu baden. Das Haar auf dem Nasenrücken wird ca. 3 Wochen vor der Schau (je nach Typ, Nasenlänge und -breite) kurz geschnitten, ebenso an den Läufen und Pfoten. Die Ohren sind 14 Tage vorher kurz zu machen. Befederung der Rute passend zum Hund schneiden.

Noch ein Tip: Es ist gut für das Haar, wenn man ab und zu Weizenkeime füttert. Keine Seetangräparate geben! Sie würden die Farbe verändern.

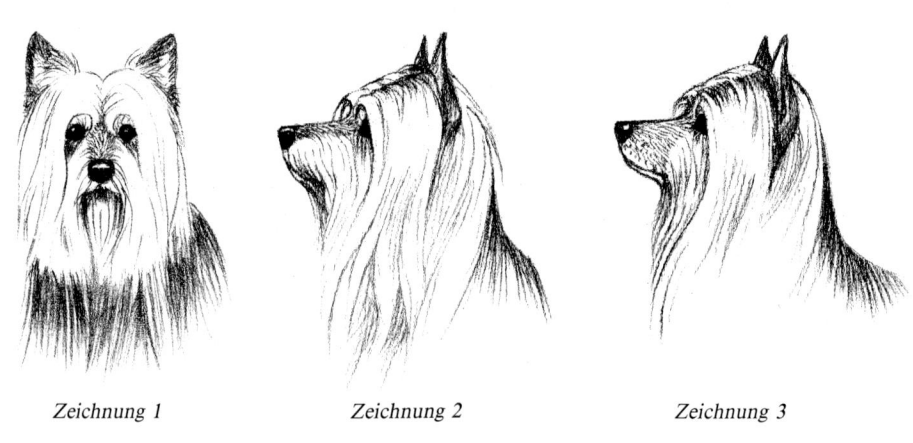

Zeichnung 1   *Zeichnung 2*   *Zeichnung 3*

Zeichnung 4

23. YORKSHIRE TERRIER

Wahrscheinlich hat Sie zuerst das wunderschöne, glänzende, stahlblau und tanfarbene Haarkleid begeistert, das diesen eleganten Kleinhund zum Blickfang macht. Beim näheren Kennenlernen war dann die quicklebendige Terriernatur mit entscheidend für die Wahl.

Natürlich wird nicht aus jedem Hund ein Ausstellungssieger, das ist für einen Familienhund auch nicht nötig, aber pflegen muß man jeden Yorkshire!

Ausgewogenes, vielseitiges Futter ist eine Voraussetzung für die Entwicklung des langen seidigen Haares. Nur Tatar zum Beispiel, »weil das Hundchen so klein und zart ist und nur das Beste haben soll«, bietet zu wenig. Der Yorkshire Terrier ist ein richtiger Hund, der entsprechend ernährt werden muß, der auch nicht verhätschelt oder zu warm gehalten werden sollte, das bekommt dem Fell nicht.

Nun zur Pflege

Sie brauchen dazu eine Drahtbürste mit Gummibett, ohne Ummantelung an den Spitzen, einen Stahlkamm mit weit und eng stehenden Zinken, eine Haarschere, eine kleine, vorn abgerundete Schere zum Herausschneiden von langen Haaren und Filzen zwischen den Ballen und eine Echthaarbürste. Bewährt haben sich halbe Rundbürsten, deren Borstenreihen nicht alle gleich hoch sind.

Wenn Sie Ihren Welpen bekommen, hat sein Züchter sicher schon die Ohren etwas beschnitten, damit sie besser stehen, und auch die Pfötchen. Wiederholen Sie die kleine Prozedur von Zeit zu Zeit und zwar schneiden Sie mit der Scherenspitze mit dem Strich das Haar auf der oberen Hälfte der Ohren, außen und innen, und an den Rändern, deren Konturen Sie deutlich erkennen, wenn Sie sie feucht machen.

Gewöhnen Sie Ihren Yorkshire auch an Bürsten und Kämmen. Es tut ihm nicht weh, so lange sich keine Filze bilden. Alle zwei Tage bürsten Sie ihn mit der Drahtbürste gut durch, danach ziehen Sie mit dem Kamm den Mittelscheitel über den ganzen Körper vom Beginn des stahlblauen Mantels (der bei Jungtieren noch schwarz ist) an bis zum Rutenende und kämmen das Haar nach beiden Seiten herunter. Die Echthaarbüste ist nur zum Nacharbeiten, für den letzten Glanz. Unten wird das Haar ab und zu gerade geschnitten und, bei sehr guter Veranlagung, etwas gekürzt.

Sehr ratsam ist es, erwachsenen Rüden, die das Bein unzählige Male heben, einmal am Tag das Haar in der betroffenen Region zu waschen - eine Kleinigkeit mit der Brause. Daß auch bei weichem Stuhlgang und während der Läufigkeit der Hündin das Haar hinten sauber gehalten wird, ist selbstverständlich.

Lange Haare am Penis und rund um den After sind vorsichtig zu schneiden.

Das Kopfhaar wird, wie es die Zeichnungen zeigen, jeden Tag zu einem Schopf hochgebürstet und, *nicht zu stramm* (es kann zu kahlen Stellen führen) zwischen den Ohren in einem Gummiring (»Zahngummi«) so zusammengefaßt, daß das lange Haar hinter die Ohren fällt. Über den Gummi wird eine Spange mit Schleifchen gesteckt. Beim jungen Hund fängt man damit an, sobald die Länge reicht.

Falls das lange Barthaar beim Fressen stört, kann man es mit kleinen Klammern zurückstecken oder nachher mit nassen Waschlappen säubern.

Zum *Wickeln des Haares:* Nur bei Ausstellungshunden wird das Haar gewickelt, um es während der Spaziergänge zu schonen und die Länge zu erhalten, die bei der Schönheitskonkurrenz gewünscht wird. Nach der Karriere schneidet man es wieder kürzer. Genaues erfahren Sie darüber in einem Spezialbüchlein über die Rasse in der Reihe »Kynos kleine Hundebibliothek«.

Alle 3 bis 4 Wochen sollte ein Yorkshire Terrier gebadet werden. Zu empfehlen ist eine Spezialnachspülung, die man, wie auch alles andere für die Yorkshire-Pflege, im Fachgeschäft bekommt. Das Trocknen geschieht am besten vor einem liegenden oder feststehenden Fön. Man hebt mit der Bürste Strähne für Strähne hoch, damit die Haut schnell trocknet (es gibt keine Unterwolle).

Yorkshire Terrier haben normalerweise keine Probleme mit Augen und Ohren. Es genügt, die Augen morgens trocken auszuputzen.

Aus den Ohrmuscheln und Gehörgängen werden von Zeit zu Zeit, wenn nötig, die Haare ausgezupft. Für alle Fälle können Sie sich ein flüssiges Ohrreinigungsmittel (z.B. von Ipevet) beschaffen.

Leider werden Yorkshire Terrier oft sehr kurz geschnitten, auch am Kopf. Wenn das Haar nicht besonders gut ist, zu spärlich oder zu fest, mag eine solche Frisur verschönern, aber aus Bequemlichkeit sollte man die Haarpracht nicht opfern!

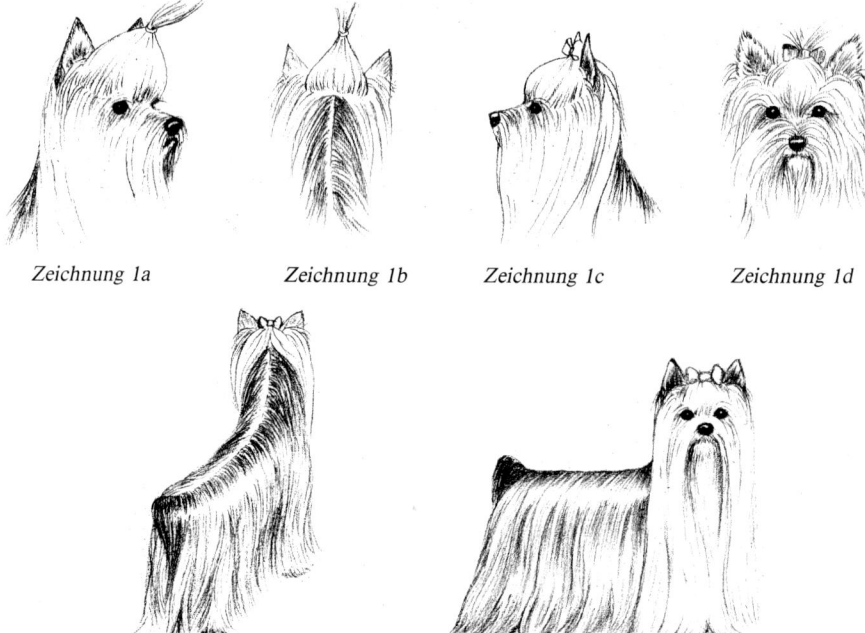

Zeichnung 1a *Zeichnung 1b* *Zeichnung 1c* *Zeichnung 1d*

Zeichnung 2a *Zeichnung 2b*

2. Schnauzer

Diese beliebte, alte deutsche Rasse bietet in drei Größen jedem Schnauzerfreund den idealen Kameraden. Ob Riesen-, Mittel- oder Zwergschnauzer, für alle gilt ein Standard: es sind kompakte Hunde mit festem, anliegendem Deckhaar und feiner, dichter Unterwolle. Der »Schnauzbart«, dem sie ihre Namen verdanken, und die Augenbrauen bestimmen den Ausdruck des Kopfes. Bis zum Kupierverbot, seit dem 1.1.1987, betonte das kupierte, stehende Ohr das aufmerksame Wesen. Züchter und Liebhaber sollten heute das natürliche, nach vorn fallende Ohr akzeptieren. Daß ein solches gutgetragenes Ohr auch zum Schnauzer paßt, haben die Engländer über Jahrzehnte bewiesen (Zeichnung 1a). Wie bei vielen Terrierrassen kommt es darauf an, auf Veranlagung und Größe der Ohren zu achten, die Haltung während des Zahnwechsels zu beobachten und die Ohren zu kleben, sobald (und so lange) es nötig ist, um die richtige Haltung, nicht zu hoch für den Schnauzerkopf, zu gewährleisten. Leblos herunterhängende, nach den Seiten abstehende oder gefaltete Ohren verderben den Ausdruck und müssen nicht sein. Man züchtet Riesen- und Mittelschnauzer in Schwarz und Pfeffer/Salz; für Zwergschnauzer ist außerdem Schwarz/Silber und Weiß zugelassen.

Schnauzer werden, ihrer Haarart entsprechend, wie auch alle rauhhaarigen Terrier getrimmt, also das überständige Deckhaar wird, wenn es gut herausgeht (der Hund beginnt zu haaren), mit Daumen und Zeigefinger oder einem möglichst stumpfen Trimmesser, wie im Kapitel Terrier beschrieben, mit dem Strich ausgezupft. Da viele Schwarze wenig oder gar keine Unterwolle haben, ist für sie Scheren mit dem Strich besser. Die Haarqualität leidet bei ihnen kaum, trotzdem ist es ratsam, mit Tieren zu züchten, die das im Standard gewünschte Haarkleid besitzen, dessen hervorragende Eigenschaften sich bei allen Rauhhaarigen bewähren.

Bei Pfeffersalz-Schnauzern rächt sich Scheren mit der Zeit. Die Farben verblassen, das Haar wird schütter und weich und liegt nicht mehr fest an. Leider werden viele Schnauzer nur geschoren und das nicht nur in Hundesalons! Man darf höchstens, wenn das Haar sehr kurz sein soll, nach dem Trimmen mit der Klippschere mit oder gegen den Strich überschneiden.

Durch Scheren verdorbenes Haar läßt sich durch häufiges Trimmen allmählich wieder in Ordnung bringen. Auch nicht ganz ideales, zu weiches Haar kann man auf diese Weise erheblich verbessern. Im Prinzip ähnelt das Herrichten, das Trimming, dem der hochläufigen Terrier, nur haben Schnauzer nicht so viel Haar an den Läufen.

Man wünscht den Schnauzer im Ursprungsland Deutschland nicht modisch, und was zuviel oder gar weich ist, wird ausgezupft, wenn nötig mit der Schere/Effilierschere gekürzt. Nur Bart und Augenbrauen dürfen lang sein. In Amerika und England dagegen liebt man die Hunde mit üppigem, weichem Haar an den Läufen (Zeichnungen 1a und b = englischer bzw. amerikanischer Zwergschnauzer und Zeichnung 8).

Beim Herrichten für Ausstellungen bereiten die hellen und dunklen Zonen des Pfeffersalz-Haares etwas Schwierigkeit (Zeichnung 2). Das Haar muß eine gewisse Länge haben, damit das typische »Pfeffer und Salz Gemisch« zu erkennen ist. Nach dem Abtrimmen frisch nachgewachsenes, noch kurzes Haar mit schwarzen Spitzen läßt den Hund zu dunkel erscheinen, und wenn man einige Partien vor einer Ausstellung nacharbeitet, kann man mit der Schere in die helle Zone geraten, sodaß das Fell fleckig aussieht. Beobachten Sie, wie das Haar Ihres Hundes wächst, wie viele Farbzonen das einzelne Haar hat und welche Haarlänge für Ihren Hund am vorteilhaftesten ist.

Ein unerwünschter schwarzer Aalstrich auf dem Rücken kann vor der Ausstellung vorsichtig in eine helle Zone abgeschnitten werden.

Mit der Zeit sollten Sie zu einem Trimmrhythmus finden. Dadurch kann sich ein »rolling coat« entwickeln. Das bedeutet, daß das neue Haar schon unter dem losen oberen, das abgetrimmt wird, nachgewachsen ist, und ein Abtrimmen bis auf die Unterwolle nur noch selten nötig ist. Ihr Hund ist also fast immer in guter Haarverfassung.

Für Ausstellungshunde ist es manchmal noch besser, wenn man häufig, z.B. jede Woche oder alle 14 Tage, die losen Haare auszupft, sodaß ständig neue nachwachsen. Auf diese Weise ist das Haarkleid über Wochen in richtiger Länge und Farbe zu halten. Kämmen Sie das Haar gegen den Strich und zupfen Sie die lockeren, etwas überstehenden Haare aus (wie bei den rauhhaarigen Terriern).

Das erste »Trimming« bekommt schon der Welpe. Wenn Sie Ihren Schnauzer mit etwa 10 Wochen vom Züchter übernehmen, ist wahrscheinlich schon das flusige Welpenhaar ausgezupft worden. Andernfalls beginnen Sie mit dem Lernen und zupfen Sie, sobald es geht, mit Daumen und Zeigefinger mit dem Strich rundherum alles weiche Haar aus, nur Bart und Augenbrauen bleiben stehen. Bei guter Haarveranlagung liegt darunter schon das neue, feste Haar. Versuchen Sie, in diesem Alter noch ohne viel zu schneiden auszukommen. Nur an den »empfindlichen Stellen« am Bauch, in der Analgegend und unten an den Pfoten, wenn das Haar weich ist, benutzen Sie die Schere. Richten Sie sich dabei nach den Anweisungen für den erwachsenen Hund (Zeichnung 3).

Jungtiere mit etwas weichem Haar trimmt man am besten mit dem Trimmmesser, wenn das Haar einigermaßen herausgeht, jedoch nicht gewaltsam, damit der junge Hund nicht sein Vertrauen verliert. Warten Sie lieber etwas länger, und machen Sie zwischenzeitlich nur Kopf und Hals zurecht. Bemühen Sie sich, auch das weiche Haar an Oberkopf und Läufen im jugendlichen Alter immer wieder auszuzupfen, um die Haarqualität und damit die Farbe gerade bei »Pfeffersalz« zu verbessern.

Solange das Haar sehr kurz ist, empfiehlt sich für die Pflege und zur Massage eine Naturhaarbürste. Bei längerem Haar hat sich tägliches Kämmen mit einem engen Stahlkamm bewährt.

Mit sieben, acht oder neun Monaten beginnt das nachgewachsene Haar auszugehen und muß ausgezupft werden - mit Daumen und Zeigefinger oder einem stumpfen Trimmesser. Für das totale Abtrimmen bis auf die Unterwolle, welches später sicher ein- bis zweimal im Jahr, gewöhnlich im Frühjahr und im Herbst, nötig sein wird, je nach Behandlung des Haares zwischendurch, richten Sie sich nach Zeichnung 3.

Feld 1: Fast der ganze Körper und möglichst der Oberkopf bis über das Jochbein sowie die Oberseiten der Ohren, evtl. auch die Innenseiten, werden mit Daumen und Zeigefinger oder einem Trimmesser gerupft. Wer seinen Hund ganz kurz im Haar wünscht, kann danach noch mit der Klippschere oder Schermaschine mit oder gegen den Strich über das Unterhaar gehen.

Feld 2: Die Unterseite des Halses, die Wangen, die Innenseiten der Ohren und die Unterseite der Rute werden im Allgemeinen geschoren, zumal auch Pfeffersalz Schnauzer, die hier von Natur aus heller sind, farblich nicht verdorben werden können. Geschoren werden selbstverständlich auch die »empfindlichen Stellen« (Zeichnung 5b, Feld 2). Man schert mit der großen Klippschere, oder elektrisch mit dem 3 mm-Scherkopf, gegen den Strich. Bei mittleren und Zwergschnauzern ist es nötig, auch mit der kleinen Klippschere (Liliput) zu arbeiten, z.B. an den Ohren und an der Kehle, wo das Haar in verschiedene Richtungen wächst und sauber geschnitten werden muß, besonders wenn der Hals nicht ganz trocken ist. Bei sehr festem Haar lassen sich Hals, Wangen und hintere Partie (Zeichnung 5b, Feld 2) auch gut zupfen.

Wenn es schwierig ist, die Ohren außen zu zupfen, dann scheren Sie sie. Die Ohrenränder werden vorsichtig mit der Haarschere zur Spitze hin beschnitten. Achten Sie auf die »Tasche«. Wenn Sie sich unsicher fühlen, halten Sie die Ohrränder so, daß Ihre Fingernägel zwischen Ohr und Schere sind.

Der Kopf (Zeichnung 4a und b) braucht sorgfältiges Ausgleichen vom kurzen Wangenhaar zum langen Barthaar. Man schert (oder trimmt) an den Seiten etwa bis zu einer gedachten Linie vom äußeren Augenwinkel zum Mundwinkel (Zeichnung 4a). Hüten Sie sich davor, unter den Augen Haare wegzuschneiden. Dadurch würden die Backen hervortreten und der beste Kopf an Adel verlieren (Zeichung 4c). Zupfen Sie vorsichtig mit den Fingern oder einem kleinen Trimmesser an den Seiten oder schneiden Sie mit der Effilierschere von oben nach unten, bis es einen fließenden Übergang gibt.

Ist der Bart zu üppig und steht nach den Seiten weg, dann dünnen Sie ihn durch Auszupfen einzelner Haare etwas aus, damit er gut fällt. Sie können auch mit der Effilierschere vorsichtig am Grund ausdünnen, aber passen Sie auf, daß der Bart nicht zu schmal wird. Der Kopf soll rechteckig wirken (Zeichnung 4b rechts). Unten am Fang schneiden Sie den Bart wie es die Linie auf Zeichnung 4a angibt.

Die Augenbrauen werden vom äußeren Augenwinkel schräg nach vorn verlaufend mit der Effilierschere geschnitten (Zeichnung 4b rechts). Der Nasenrücken soll glatt sein. Hochstehende Haare sind vorsichtig mit der Scherenspitze zu schneiden oder zu zupfen.

Trimmen Sie nun die Übergänge zum längeren Haar an Brust und Läufen. Zu lange, und besonders bei jungen Hunden noch weiche Haare an den Läufen werden beim ersten Trimmen ausgezupft und auch später immer wieder übertrimmt, damit das Haar fester wird. Achten Sie darauf, daß im Ellbogenbereich keine Haare wegstehen (Zeichnung 5a links) und lockere Ellbogen vortäuschen. Die Rückseiten der Vorderläufe werden durch Zupfen oder Schneiden mit der Effilierschere begradigt (Zeichnung 3, Felder 3). Übertrimmen Sie auch gründlich das Brusthaar. Wenn Sie zuviel stehen lassen, sieht es vor allem bei kurzem Körperhaar grotesk aus.

An den Innenseiten der Hinterläufe wird das Haar, wenn möglich, gezupft. Weiches Haar kann mit der Schere passend zur Stärke der Läufe gekürzt werden. Die Pfoten schneiden oder zupfen Sie, je nach Haarqualität, unten herum rund. Schwarze Schnauzer, die man scheren muß, werden mit Klippscheren, bzw. der elektrischen Maschine, mit Haarschere und Effilierschere genauso wie die anderen zurechtgemacht.

Für eine *Ausstellung* trimmen Sie Ihren Schnauzer einige Wochen vor dem Termin bis auf das Unterhaar ab, falls Sie ihn nicht, wie empfohlen, regelmäßig (wöchentlich oder alle 14 Tage) übertrimmen und das Haar auf diese Weise für lange Zeit in guter Form halten.

Da jeder Hund eine etwas andere Haarveranlagung hat und eine seinem Typ entsprechende Haarlänge braucht, muß der Besitzer den besten Zeitpunkt für das Abtrimmen selbst herausfinden. Für viele Schnauzer dürften etwa 6 Wochen vorher richtig sein (Zeichnung 3, Feld 1).

Unebenheiten der Rückenlinie lassen sich später gut ausgleichen, wenn Sie die gewissen Stellen (Zeichnung 6 als Beispiel) ca. 14 Tage früher abtrimmen. Machen Sie im übrigen Ihren Hund wie gewohnt zurecht.

10 bis 14 Tage vor der Schau, entsprechend dem Haarwachstum, beginnen Sie mit den Feinarbeiten. Nach gründlichem Durchkämmen, auch gegen den Strich, zupfen Sie mit Daumen und Zeigefinger alle losen, etwas überstehenden Haare aus, damit das Fell gut anliegt und glänzt.

Trimmen Sie den Oberkopf und die Ohren, wo das neue feste Haar zur Ausstellung ganz kurz sein soll, noch einmal bis auf das Unterhaar ab und übertrimmen Sie die Halsseiten und die Schulterpartie (Zeichnung 7).

Scheren Sie alles nach, was auf Zeichnung 3 mit Feld 2 bezeichnet ist, und gleichen Sie gut zwischen den verschiedenen Haarlängen aus, am besten vorsichtig mit der Effilierschere. Den Kopf richten Sie besonders sorgfältig nach den Anweisungen her. Prüfen Sie auch, ob die Größe des Bartes mit der Gesamterscheinung harmoniert, und kürzen Sie ihn, wenn nötig. Alles andere wird, wie beschrieben, überarbeitet.

Da das Haar in 10 bis 14 Tagen etwas wächst und hier und da wieder Zipfel hervorstehen werden, vor allem wo Wirbel sind, gehen Sie zuletzt noch einmal mit Trimmesser oder Effilierschere darüber.

Schwarze Schnauzer, die nicht zu trimmen sind, werden etwa 6 Wochen vor der Ausstellung mit dem Strich oder dagegen, je nach Haarwachstum, mit 7 bis 10 mm-Scherkopf geschoren, entsprechend früher, wenn Sie mit dem Handklipper arbeiten. Dabei ist auch die Größe des Hundes zu berücksichtigen. Ein Riesenschnauzer muß andere Haarlängen haben als ein Zwergschnauzer. Scheren Sie das Haar auf dem Rücken an den Stellen, wo Sie später längeres Haar zum Ausgleichen brauchen, ca. 14 Tage früher (Zeichnung 6).

Kopf, Ohren, Unterseite des Halses usw. werden zu der Zeit wie üblich geschoren. Diese Partien sind 10 bis 14 Tage vor der Ausstellung noch einmal, wie folgt, nachzuscheren:

Die Felder 2 auf Zeichnung 3 mit der großen Klippschere oder 3 bis 5 mm-Scherkopf gegen den Strich, bei Zwergen evtl. mit der Liliputschere bzw. mit 2 mm-Scherkopf.

Die Ohren innen mit der Liliputschere oder 1 bis 2 mm-Scherkopf, und den *Oberkopf* mit dem Strich mit der großen oder kleinen Klippschere, entsprechend der Größe des Hundes, bzw. elektrisch mit 2 bis 5 mm-Scherkopf.

Halsseiten und Schulterpartie (Zeichnung 7) werden mit der großen Klippschere oder 3 bis 5 mm-Scherkopf mit dem Strich überschnitten und die verschiedenen Haarlängen mit der Effilierschere angeglichen.

Der Übergang vom Hals zum Rücken sollte fließend sein. Sie können diese Partie, wo das Haar schon etwas länger ist (Zeichnung 6) durch Ausdünnen mit der Effilierschere ausgleichen. Alles andere wird wie vorn beschrieben behandelt.

Auch bei geschorenen Hunden zeigen sich bis zur Ausstellung immer wieder Haare, die nicht so sitzen wie man will und zuletzt ein leichtes Überarbeiten mit Effilier- und Haarschere erfordern.

Beim Schnauzer ist es schwieriger, gewisse *Mängel* optisch zu mildern, als bei den Terriern, die vor allem an den Läufen mehr Haar habe (vergleiche Zeichnungen Hochläufer Terrier), doch Sie können z.B. einen etwas leichten Hund durch längeres Haar am Körper kompakter erscheinen lassen. Er muß entsprechend früher abgetrimmt werden, und an den Läufen ist schon Wochen vorher so wenig wie möglich auszuzupfen oder zu schneiden.

Unebenheiten der Rückenlinie können durch stellenweise früheres Abtrimmen oder Scheren (Zeichnung 6) und geschicktes Ausdünnen mit der Effilierschere ausgeglichen werden.

Wenn der Hals Ihres Hundes etwas stark ist, trimmen oder schneiden Sie das Haar mit der Effilierschere an den Seiten möglichst kurz, damit er eleganter wirkt (bei Pfeffersalz auf die Farbe achten!) Auf der Oberseite übertrimmen Sie evtl. die obere Hälfte oder dünnen Sie hier ein wenig mit der Effilierschere aus.

Bei einem breiten Schädel gleichen Sie besonders vorsichtig zum Bart aus. Hier darf keine Einsenkung entstehen, denn dadurch würden die Backen hervortreten. Sie könnten zuletzt noch einmal die stärkste Stelle nachscheren, wenn es farblich nicht zu sehr auffällt.

Pfeffer- und Salz-Schnauzer haben öfter einen schwarzen Aalstrich. Er kann, wie schon gesagt, in einer hellen Zone kurz vor der Ausstellung abgeschnitten werden.

Allgemeine Pflege

Instrumente: Ein feiner Stahlkamm, ein Handschuh mit Gumminoppen und eine weiche Naturhaarbürste, eine große und eine kleine (Liliput) Klippschere oder eine elektrische Maschine mit verschiedenen Scherköpfen zwischen 1 und

10 mm, eine Effilierschere, eine Haarschere, evtl. eine leicht gebogene, vorn abgerundete Schere und eine abgerundete Pinzette.

Pflege: Tägliches Kämmen mit feinem Kamm hat sich bewährt, um lose Haare zu entfernen. Eine gute Wirkung hat auch der Noppenhandschuh. Für abgetrimmte Hunde ist die Pflege mit einer nicht zu festen Naturhaarbürste zu empfehlen, zur Anregung des Haarwachstums.

Bei weichem Haar an den Läufen können sich unten zwischen den Ballen Filze bilden. Sie sind von Zeit zu Zeit mit einer kleinen, leicht gebogenen, abgerundeten Schere vorsichtig herauszuschneiden.

Die Augen werden täglich zum inneren Augenwinkel hin trocken ausgeputzt.

Die Ohren: Lange Haare in den Gehörgängen sind mit den Fingern oder mit einer Pinzette auszuzupfen.

Die Zähne sind, sobald nötig, von Zahnstein zu befreien, falls Sie sie nicht regelmäßig putzen, auf jeden Fall vor einer Ausstellung.

Baden: Selten, wenn wirklich nötig aber nicht kurz vor dem Trimmen.

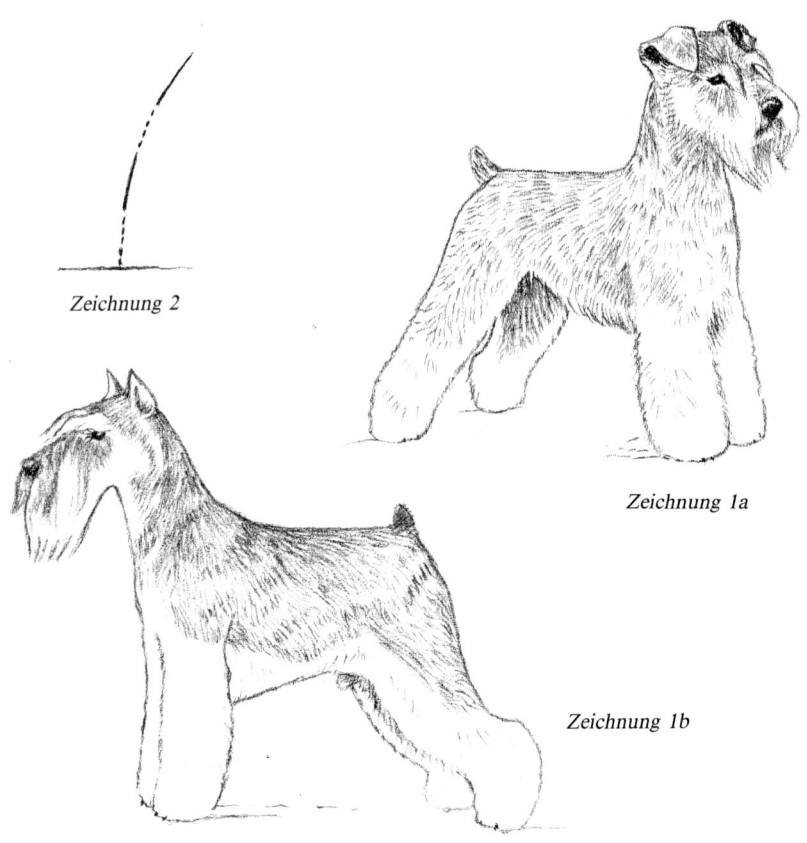

Zeichnung 2

Zeichnung 1a

Zeichnung 1b

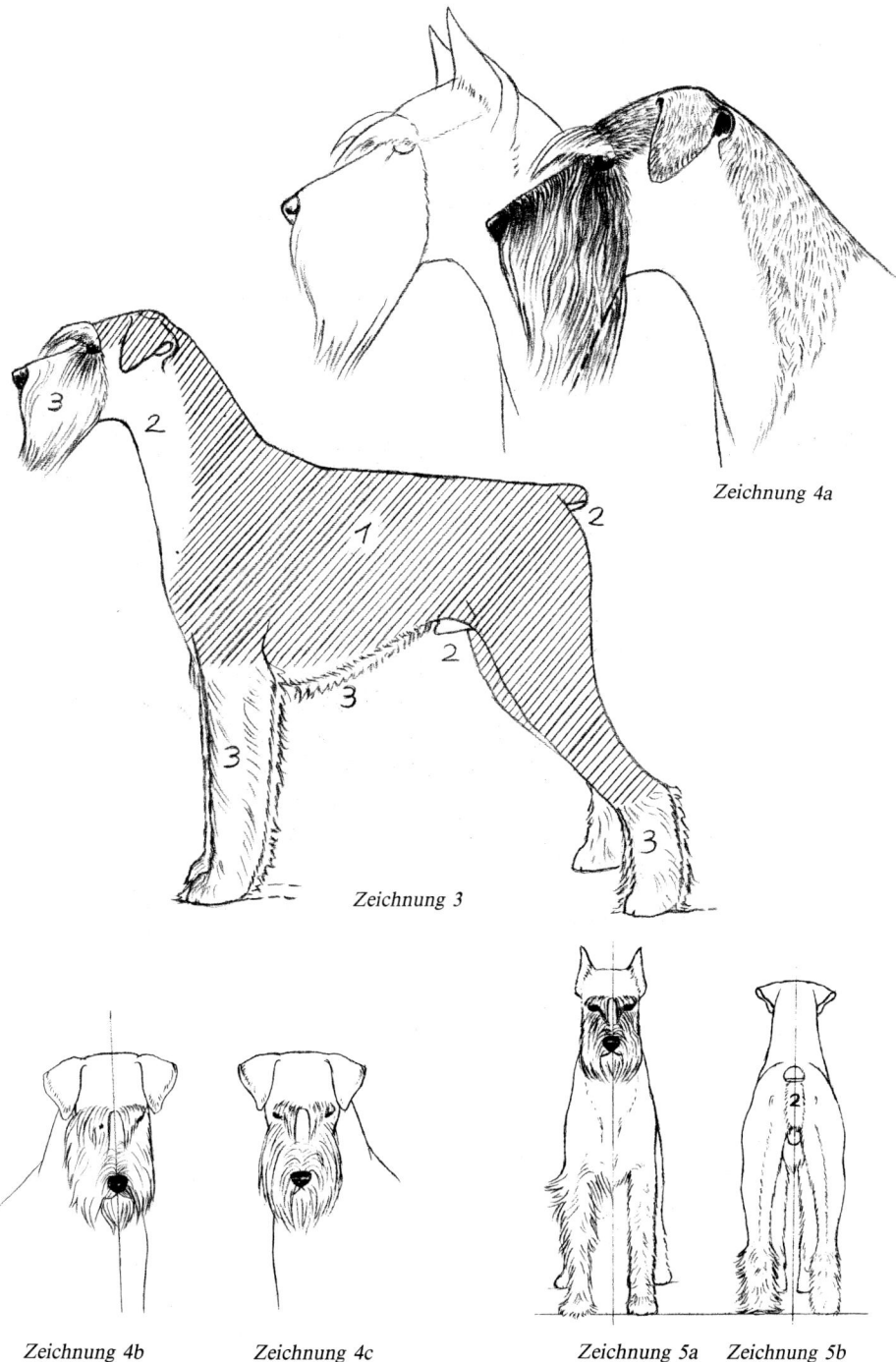

Zeichnung 4a

Zeichnung 3

Zeichnung 4b   Zeichnung 4c   Zeichnung 5a   Zeichnung 5b

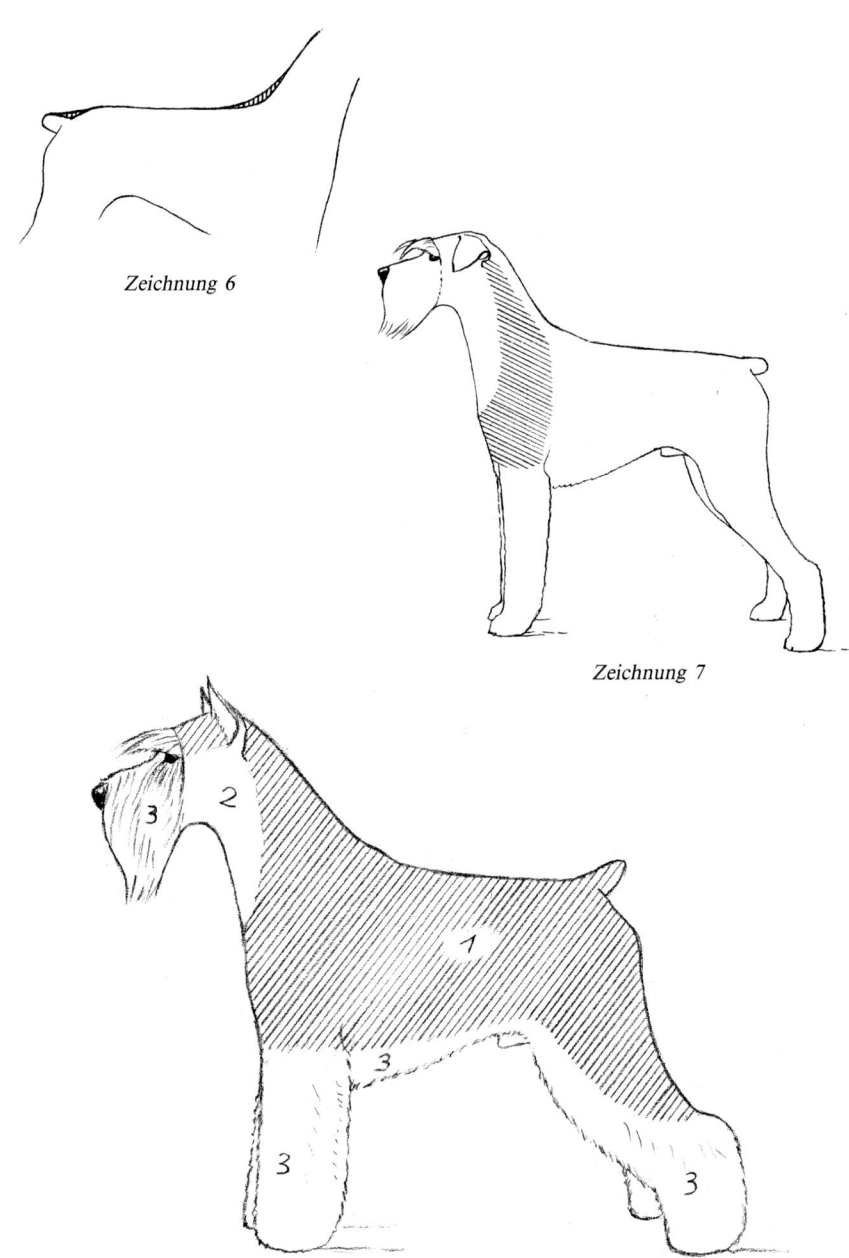

Zeichnung 6

Zeichnung 7

Zeichnung 8: Amerikanisch getrimmter Schnauzer mit weichem, üppigem Haar an den Läufen. Zwischen dem festanliegenden, getrimmten Körperhaar (Feld 1) und dem weichen muß sorgfältig ausgeglichen werden. Feld 2 wird getrimmt oder geschnitten (für Familienhunde).

3. Affenpinscher

Dieser kleinste Rauhhaarige der »Pinscher und Schnauzer Familie« ist leider sehr selten geworden. Dabei ist der originelle, lebhafte, ein bißchen cholerische, aber sehr anhängliche Kleinhund leicht zu halten und zu pflegen. Es genügt, ihn täglich zu bürsten und das längere Haar an Kopf und Hals zu kämmen. Von Zeit zu Zeit ist Trimmen erforderlich, was bei der Größe des Hundes, sobald er es gewöhnt ist, nicht viel Mühe macht. Das Fell sollte sich, wie bei den Schnauzern aus hartem Deckhaar und weicher Unterwolle zusammensetzen, dann kann man es, wenn es reif ist, trimmen. Weicheres Haar oder Haar ohne Unterwolle wird gewöhnlich geschoren, und zwar mit dem Strich mit der Klippschere oder elektrisch mit 3 mm-Scherkopf. Gegen den Strich, besser mit 5 mm, gelingt es meist gleichmäßiger.

Der Körper wird von der Schulterpartie an wie beim Schnauzer getrimmt (oder geschoren), nur, der Affenpinscher soll wie ein kleiner Kasten wirken, ohne aufgezogene untere Linie (Zeichnung 1). Wenn sie von Natur aus da ist, kann man unten an der Brust Haar wegnehmen und dafür in den Weichen etwas mehr stehen lassen (Zeichnung 2).

Die Hinterhand darf nicht sehr gewinkelt sein. Man kann die gewisse Steilheit optisch noch durch Stehenlassen von Haar an der Rückseite verstärken (Zeichnung 2). Für die Ausstellung muß das Körperhaar die richtige Länge erreicht haben, etwa 2 bis 5 cm, je nach Größe und Stärke des Hundes.

Kopf und Hals erfordern dem Typ entsprechend eine andere Behandlung als beim Schnauzer. Der rundliche Kopf mit den tief im schwarzen Fell liegenden, blitzenden Augen, der kurzen Nase und der vorgeschobenen, glänzenden schwarzen Unterlippe lassen unwillkürlich an ein Äffchen denken (Zeichnung b). Die früher kupierten Ohren schauten nur mit den Spitzen zwischen den langen Haaren heraus, heute werden natürliche Stehohren angestrebt, die jedoch durch ihre Größe das bisher gewohnte Bild etwas verändern. Ihre Ränder sind sauber zu schneiden. Das abstehende Kopfhaar wird aufgekämmt und rundherum etwas gezupft oder geschnitten. Festes Haar ist von Natur aus kürzer.

Zeichnung 1

Zeichnung 2

Zeichnung 3 Zeichnung 4

An Hals und Schulterpartie bleibt das Haar lang, darf aber nicht einer Löwenmähne gleichen. Es wird in Form gezupft, bzw. geschnitten, und soll allmählich in das kürzere Haar von Rücken und Seiten verlaufen, so, daß sich der Körper von oben gesehen nach hinten verjüngt (Zeichnung 4). Wichtig ist, daß die gewünschte Breite der Front betont wird.

Affenpinscher sollen »Katzenpfoten« haben, dementsprechend werden überstehende Haare um die Ballen herum abgeschnitten.

Allgemeine Pflege wie beim Schnauzer.

4. Pudel

Pudel gehören weltweit zu den beliebtesten Hunden, und es gibt kaum jemanden, der einen Pudel in einer seiner typischen Schuren nicht erkennt. Pudelähnliche Vorfahren, aus Kreuzungen von Jagd- und zottelhaarigen Hütehunden hervorgegangen, gab es schon im Mittelalter in vielen Gegenden. Sie bewährten sich vor allem bei der Wasserjagd. Auch der Name drückt die Vorliebe für dieses Element aus. Er wurde von Pfudel (Pfuhl, Pfütze) und buddeln, puddeln = im Wasser planschen, abgeleitet.

Die Schur haben die Jäger erfunden, damit die Hunde mit kurzhaarigem Hinterteil freier schwimmen konnten, hinten nicht durch vollgesogenes Haar heruntergezogen wurden und schneller trockneten. Die »Röllchen«, wenn vorhanden, sollten die Gelenke schützen.

Wie man auf Zeichnung 1 sieht, ist das in den Falten des Gewandes einer englischen Lady sitzende Hündchen 1349 ebenfalls geschoren worden, ob vom Entenjäger oder vom Löwen angeregt?

Pudel wurden dank ihrer Intelligenz, Anhänglichkeit und leichten Erziehbarkeit zunehmend Gefährten der unterschiedlichsten Menschen, der Künstler, Dichter, die alles über den Pudel zu Papier brachten, Zirkusleute, Soldaten, Studenten und feiner Damen, besonders in Deutschland, Frankreich und England. Zeichnung 2 stammt aus dem Frankreich des 17. Jahrhunderts.

Nach der Mitte des 19. Jahrhunderts verblaßte langsam der Stern des Pudels. Vielen Besitzern war die Pflege, besonders die des bevorzugten *Schnürenpudels,* dessen abgestorbene Haare mit den nachwachsenden zu dünnen Schnüren zusammengedreht wurden, zu aufwendig. Schnürenpudelfrisur um 1900 zeigt unsere Zeichnung 3. Er wirkte gegenüber neuen Rassen, die nach und nach von England auf den Kontinent kamen »altmodisch«. Besonders die sportlichen Terrier begannen um die Jahrhundertwende die Herzen vieler Hundeliebhaber zu erobern und kamen in den 20er/30er Jahren groß in Mode.

Den Pudelfreunden wurde es angesichts der Konkurrenz klar, daß eine neue Frisur ihre schöne alte Rasse wieder populär machen könnte. Anregungen gab es in den 40er Jahren in Frankreich; in Deutschland dagegen war in den 30er/40er Jahren jede Neuheit verboten, jedenfalls auf Ausstellungen. Doch nach dem 2. Weltkrieg kam die von Hans Thum in Berlin kreierte »Karakulschur« zum durchschlagenden Erfolg. Sie machte den Pudel sogar für viele Jahre zum Modehund Nr. 1 und wurde eine zeitlang auch im Ausstellungsring anerkannt (Zeichnung 4).

Die vom Lämmchen und vielleicht vom Kerry Blue Terrier inspirierte Schur gab Pudeln jeder Größe eine moderne, elegante Note. Bis heute wird sie immer wieder in den Hundesalons von Pudelbesitzern gewünscht.

Inzwischen haben sich verschiedene Schuren herausgebildet, für den Familienhund wie für den Ausstellungshund. Sie variieren natürlich von Land zu Land und hängen von Können und Geschmack der Pudelfriseure ab. Diese sollten das Beste aus einem Hund machen, auch wenn sie die Frisuren dafür etwas abwandeln (möglichst nicht wie auf Zeichnung 5).

Für welche Schur Sie sich entscheiden, hängt davon ab, wie Sie mit dem Schneiden zurecht kommen, ob Sie ausstellen möchten, und natürlich welche Ihnen am meisten zusagt. Da Pudelhaar schnell wächst, können Sie ja auch mal die Frisur wechseln. Am verbreitetsten ist die auch auf Ausstellungen zugelassene »Neue Schur« oder »Modeschur«. Gut geschnitten, d.h. ohne Übertreibungen, und sorgfältig ausgeglichen, ist sie sehr kleidsam und problemlos zu pflegen. Anders als die »Karakulschur« ist sie mehr der alten Pudelschur angelehnt, mit langhaarigen Ohren und geschorenen Pfoten (Zeichnung 6).

Die »holländische Schur« wird in den Grundzügen ähnlich geschoren, doch das lange Haar bleibt deutlich vom kurzen abgesetzt. Die Krone ist rund geformt, die Ohren werden bis auf ein schmales Haarband am unteren Rand geschoren, oder man läßt das Haar lang. Am Fang darf ein kleiner Bart unten und an den Seiten bleiben. Der Pompon an der Rute wird rund geschnitten, doch man kann ihn auch weglassen.

Der »Puppy Clip« (Welpenschnitt) aus England (Zeichnung 7) hat sich auf dem Kontinent für die Jugendklasse durchgesetzt und wurde 1987 auch als Schur der erwachsenen Hunde im Showring anerkannt.

Als Übergangsform zur Standard-Schur oder zum englischen »Saddle Clip« (Sattelschur) kann man den Puppy Clip mit Jacke ansehen (Zeichnung 8). Diese Schur ist z.Zt. im Showring am beliebtesten.

Die gegensätzlichsten Haarlängen zeigt die klassische »Alte Schur« oder »Standard Schur«, die den Pudel seit Jahrhunderten kennzeichnet (Zeichnung 9). Sie wurde im Lauf der Zeit in den einzelnen Ländern immer wieder etwas variiert. In England und Amerika sind neben dem Puppy Clip mit Jacke die »Standard Schur« und der »Saddle Clip« (Zeichnung 10) sehr gebräuchlich. Kein Wunder, daß Ausstellungshunde im »Rentenalter« angesichts der damit verbundenen Pflege rundherum kürzer geschnitten werden (Zeichnung 11). Gut zu pflegen ist der hübsche »Schäfchen-Schnitt« für junge Hunde, ehe sie die erste Frisur bekommen, und für die kühleren Jahreszeiten, aber auch für Ausstellungshunde zur Auffrischung des Haares über den Winter. Ähnlich wie Zeichnung 11 aber auch länger im Haar.

Pudel nehmen nicht nur durch ihr liebenswürdiges Wesen ein, ein Pudelfreund kann auch unter vier Größen (Toypudel bis 28 cm, Zwergpudel von 29-35 cm, Kleinpudel von 36-45 cm und Großpudel von 45-60 cm) und sieben Farben (Schwarz, Weiß, Braun, Silber, Apricot sowie den »Urfarben« Schwarzloh [black and tan] und gefleckt [Harlekin]) den richtigen Hund für sich und seine räumlichen Verhältnisse wählen.

Wenn Sie sich für einen Pudel entschieden haben, müssen Sie bereit sein, ihn zu pflegen. Pudel haben ein dichtes, einfaches Haar ohne Unterwolle, das in sich etwas kraus ist. Es ist von keinem Haarwechsel abhängig und kann darum geschoren werden. Abgestorbenes Haar wird beim Bürsten und Kämmen entfernt. Das Haar der Jungtiere ist noch weich und hat noch nicht die Standfestigkeit wie das der erwachsenen Hunde.

Natürlich ist nur ein gepflegter, gutgeschnittener Pudel eine Augenweide. Aus verfilztem Haar kann man keine Frisur modellieren. Sollte es wirklich einmal zu Verfilzungen kommen, dann können Sie sich mit einer Kurzhaarfrisur, wie vorn erwähnt, retten. Kämmen Sie aber wenigstens immer die Krone, damit man sie nicht, notgedrungen, zu kurz schneiden muß.

Es ist zu überlegen, ob Sie sich für *einen,* vielleicht kleinen Hund eine teure, elektrische Maschine mit ca. 3 Scherköpfen anschaffen, oder ob Sie mit einer großen Handklippschere und einer kleinen Liliputschere auskommen. Vielleicht können Sie erst einmal beide Geräte ausprobieren. Es ist auch zu empfehlen, an Pelzstücken oder Plüsch etwas zu üben, bis man die Scheren richtig im Griff hat, denn wenn sich Haare einklemmen, ziepst es, und der Hund wird unruhig.

DAS SCHEREN DER PUDEL IM EINZELNEN

Je nachdem, in welchem Alter Sie Ihren Welpen vom Züchter übernehmen, ist er vielleicht schon etwas zurechtgemacht. Mit 12 Wochen bekommt der kleine Pudel gewöhnlich seine erste Frisur. Er braucht davor noch nicht gebadet zu werden, doch er muß gut durchgekämmt sein. Scheren Sie den Hals, die Wangen und den Fang wie beim erwachsenen Hund gegen den Strich mit der kleinen Klippschere (Liliput) oder mit dem 2 mm Scherkopf (Zeichnung 12), die Rute vom Ansatz an mit dem Strich, etwa ein Drittel, wenn Sie einen Pompon stehen lassen. Sehr kurz kupierte Ruten kann man mit einem Pompon etwas kaschieren.

In der Analgegend und darunter wird das Haar kurz geschnitten, evtl. nur mit der Haarschere, und seitlich davon so ausgeglichen, daß keine Fransen den Hund länglich erscheinen lassen. Die Pfötchen werden wie beim erwachsenen Hund geschoren.

Körperhaar und Kopfhaar kämmen Sie auf und beschneiden es etwas mit der Haarschere, so gleichmäßig wie möglich. Es ist wichtig, öfter das Haar nachzuschneiden, damit es dichter wird. Der schon erwähnte »Schäfchen-Schnitt« ist für das Alter ab 6 Monaten sehr geeignet, bis der Pudel eine seiner typischen Frisuren bekommt.

Wenn Sie in der Jugendklasse (9-18 Mon.) ausstellen möchten, dann beginnen Sie etwa ab dem sechsten Monate damit, die Form, die Sie bevorzugen, zu schneiden. Voraussetzung ist eine gute Haarveranlagung.

Auch für Pudelbesitzer gilt, was im Eingangskapitel für das Trimmen und die Pflege empfohlen wurde: schaffen Sie sich einen Trimmtisch an oder halten Sie einen festen Tisch, an den Sie einen »Galgen« schrauben können, aus dem Haushalt bereit. Nicht nur die tägliche Pflege und das Schneiden ist mit dieser Hilfe viel einfacher, besonders wenn man allein ist. Auch das Fönen und gleichzeitige Bürsten und Kämmen, falls Sie nicht einen feststehenden Fön besitzen, vor dem Sie den Hund nach Belieben bewegen.

DIE »NEUE SCHUR« ODER »MODESCHUR«

Wie oft Sie Ihren Pudel scheren, hängt vom Haarwachstum und von Ihrem Schönheitssinn ab. Alle 4 bis 6 Wochen wird es nötig sein. Dann ist auch ein Bad fällig.

Allgemein wird ein Pudel vor jeder Schur gut ausgebürstet und gekämmt und mit einem rückfettenden Shampoo gebadet. Wenn Sie es etwas mit warmem Wasser verdünnen, läßt es sich leichter verteilen und ausspülen. Shamponieren Sie zweimal ein und spülen Sie gründlich. Das ist sehr wichtig. Fönen Sie nicht zu heiß und bürsten und kämmen Sie das lang bleibende Haar, damit sich keine Wellen bilden, besonders am Grund. Das Haar fällt durch heißes Fönen auseinander und verliert die nötige Standfestigkeit.

Im Sommer kann man den Pudel nach Anfönen auch an der Luft, nicht in praller Sonne, trocknen lassen und dabei bürsten und kämmen. Es dauert etwas länger, ist aber gesund. Das Haar muß vor dem Scheren und Schneiden vollkommen trocken und gekämmt sein!

Scheren Sie nun alles, was auf den Zeichnungen 13, 14, 15 schraffiert gezeichnet ist, seitengleich in den Richtungen, die die Pfeile angeben. Wenn Sie mit *Handklippscheren* arbeiten, dann benutzen Sie für die Unterseite des Halses, die Kehle, Wangen und Fang (mit oder ohne Bärtchen) eine Liliputschere mit 2,5 oder 3 cm Kammbreite, je nach Größe des Hundes. ebenso für die Pfoten, die Analgegend und eine schmale Gasse darunter (Zeichnung 15).

Die Bauchpartie wird mit dem Strich, also von Hoden bzw. Scheide an nach vorn geschoren. Vorsicht an den Zitzen! Penis vorn nicht zu kahl machen, da Rüden sehr empfindlich sein können. Das Haar um Hoden und Scheide wird gekürzt, dezent dem Haar der Läufe angepaßt. Evtl. entstandene Filze sind mit der Klippschere vorsichtig wegzuschneiden.

Bei einem Großpudel probieren Sie vielleicht aus, ob Sie mit der großen Klippschere (Kammbreite 4,5 cm bzw. 5,3 cm). z.B. an der Unterseite des Halses und am Kopf besser arbeiten können. Die Feinheiten an Kehle und Fang wären dann mit der kleinen Klippschere nachzuschneiden. Die Oberseite des Halses, der Rücken, die Seiten, die Rute und das kleine Stück (2-3 cm) oben am Ohr werden mit der großen Klippschere geschoren.

Wenn Sie sich für eine *elektrische Maschine* entschieden haben, dann scheren Sie den Körper und den oberen Teil der Ohren mit dem 3 mm-Scherkopf, bei jungen Hunden und älteren Hunden mit dünnerem Haar mit dem 5 mm-Scherkopf und im Winter mit dem 7 mm-Scherkopf. Für Kopf, Hals, Bauchpartie, Pfoten ist der 2 mm-Scherkopf richtig. Die Pfoten lassen sich auch gut mit dem enggezahnten 1 mm-Scherkopf einer Maschine, die Friseure benutzen, scheren. Selbstverständlich muß man dafür üben. Am Anfang noch wegstehende Haare werden mit einer kleinen Haarschere nachgeschitten.

Die Zeichnungen 14 und 15 zeigen links (a) den Hund nur geschoren. Kürzen Sie das lange Haar an der Schulterpartie, den Vorderläufen und der Hinterhand etwas mit der großen Klippschere oder der Maschine, indem Sie sie locker darüber führen, und schneiden Sie die Übergänge (Zeichnung 13, gepunktet) vor. Danach machen Sie die Feinarbeit, das Modellieren, mit der Haarschere, die ca. 18 cm lang und gut beweglich sein sollte, damit Sie leicht arbeiten können. Dellen wird es sicher am Anfang geben. Lassen Sie sich dadurch nicht entmutigen, scheren und schneiden Sie die Frisur öfter nach, dann bekommen Sie bald die nötige Sicherheit.

Ob sie mit dem Kopf beginnen oder mit dem Körper, ist Ihnen überlassen. Wichtig ist, daß der Hund am Schluß trotz der verschiedenen Haarlängen harmonisch aussieht, wie »von der Natur so geschaffen«. Die Krone darf nicht zu groß und, vor allem, nicht zu klein sein (Zeichnung 5). Die Haarlänge auf der Schulterpartie hängt vom Typ der Hunde ab. Ein schmaler Hund kann etwas mehr Haar vertragen als ein kräftiger. Auch die Größe spielt eine Rolle. Ein Zwergpudel sieht z.B. unelegant aus, wenn zuviel Haar nach den Seiten absteht, auch kann der Hals zu kurz wirken.

Überarbeiten Sie sorgfältig die Übergänge und glätten Sie das mit der Klippschere oder Maschine vorgeschnittene Haar an Schulter, Vorbrust und Hinterhand. Achten Sie darauf, daß keine Ausbuchtungen vorn oder »Hosen« an der Hinterhand die gewünschten, geraden, streckenden Außenlinien stören (Zeichnungen 14 und 15c). Dementsprechend sollen die *Vorderläufe* wie Säulen wirken. Kämmen Sie das Haar auf und schneiden Sie es gleichmäßig rundherum. Wenn Sie einen Lauf an der Pfote fassen und etwas schütteln, kommen auch die letzten Unebenheiten zum Vorschein. Schneiden Sie an den Rückseiten mit leichtem Schwung den Übergang zum Brusthaar und weiter zum geschorenen Haar. (Zeichnung 13).

Die Hinterhand harmoniert mit der Schulterpartie und den Vorderläufen durch gleiche Haarlängen. Also nicht vorn das Haar länger lassen als hinten und umgekehrt.

Auf der Rückseite wird die Winkelung betont, und an der Vorderseite bleibt das Haar entsprechend etwas länger (Zeichnung 13). Passen Sie auf, daß Sie zwischen den Hinterläufen nicht zuviel Haar wegschneiden und der Hund dadurch O-beinig wirkt.

Sie können natürlich auch durch geschicktes Kürzen oder Längerlassen des Haares an gewissen Stellen Mängel optisch mildern. Lesen Sie dazu die Anmerkungen bei den Terrier-Hochläufern. Über den Pfoten schneiden Sie das Haar im leichten Bogen (Zeichnung 14/15).

Bei einer normal kupierten *Rute* wird etwa ein Drittel geschoren. Der Umfang des fertig umschnittenen Pompons soll dem der Läufe entsprechen. Zu kurz kupierte und nicht gut getragene Ruten lassen sich in einem Pompon gut verstecken (Zeichnung 16).

Um den *Kopf* zu modellieren, kämmen Sie das Haar sehr gut auf und schneiden Sie von den Wangen und dem kurzgeschnittenen Teil der Ohren an nach oben, mit einer Rundung zur Mitte (Zeichnungen 14 und 15 = Pfeile). Prüfen Sie immer wieder von vorn ob beide Seiten gleich sind, denn ein Rechtshänder z.B. schneidet die rechte Seite von vorn und die linke von hinten.

Nun werden die Haare, die über die Augen hängen, gekürzt und der vordere Teil der Krone geformt (Zeichnung 13 und 17, Pfeile). Hinten schneiden Sie vom geschorenen Halsabschnitt an in der Mitte zunächst gerade nach oben und von den Seiten (hinter den Ohren) im leichten Bogen (Zeichnungen 15 und 17, Pfeile). Zuletzt schneiden Sie die obere Kontur, deren höchster Punkt oberhalb der Augen liegt. Die Höhe der Krone hängt davon ab, wieweit das

Haar die nötige Standfestigkeit, auch altersbedingt, hat, wie sie zur Länge des Körperhaars paßt, und vor allem, wie der Hund am besten aussieht. Bei einem jungen Pudel wird sie kürzer geschnitten bis das Haar hält.

Geben Sie Ihrem Hund Gelegenheit, sich zwischendurch zu schütteln. Danach sehen Sie am besten, wo noch ausgeglichen werden muß.

Wenn *die Ohren* auf den Innenseiten stark behaart sind, schert man sie hier (nicht bis zum Rand), damit sie gut anliegen und doch Luft an das Innenohr kommt.

Vom oberen Teil der Ohren gleichen Sie mit der Scherenspitze schnippelnd nach unten zum langen Haar aus. Dann begradigen Sie den unteren Rand des gut ausgekämmten Ohrbehangs in einem leichten Aufwärtsbogen (Zeichnung 17).

Das schmale *Bärtchen* zieht sich bis zu den Mundwinkeln und sollte nicht breiter sein als die Wangen (Zeichnung 18). Wenn Sie den Fang ohne Bart bevorzugen, dann schneiden Sie sehr vorsichtig an den Lefzen.

Zuletzt geben Sie der Front noch den gewissen Pfiff, indem Sie vorn in der Mitte, etwas unterhalb des Brustbeins beginnend, mit der Haarschere eine schmale Bahn nach unten schneiden. Das streckt optisch die Vorderläufe (Zeichnung 19). Es ist Gefühlssache, wie tief man schneidet. Man muß es ausprobieren.

DIE »ALTE SCHUR« ODER »STANDARDSCHUR«

Seit Jahrhunderten *die* Pudelschur, ist seit einiger Zeit in Deutschland im Ausstellungsring selten zu sehen. Anders in England und in den USA, wo sie neben »Puppy Clip« und »Saddle Clip« mit kleinen Abweichungen sehr beliebt ist.

Wenn Sie sich entschließen, Ihren Pudel in der Standardschur zu halten und nicht ausstellen wollen, dann können Sie die Jacke selbstverständlich etwas kürzer schneiden und die Pompons passend dazu, um ihn leichter pflegen zu können.

Als Vorbereitung für das Scheren und Schneiden ist sorgfältiges *Baden* mit zweimaligem Einshamponieren und intensives Spülen notwendig. Das Haar muß vorher bis auf den Grund durchgekämmt werden, sonst hat das Baden nicht den richtigen Erfolg (lesen Sie auch bei »Modeschur«).

Das Fönen ist etwas aufwendiger als bei der Modeschur, besonders wenn das Haar sehr lang ist. Fönen Sie das Körperhaar, nicht zu heiß von hinten nach vorn, das Brusthaar von unten nach oben, und dort wo die Pompons stehen bleiben, ebenfalls von unten nach oben. Bürsten und kämmen sie dabei ständig, damit sich keine Wellen bilden können. Das geht am besten zu zweit, wenn Sie keinen feststehenden Fön haben.

Wie schon bei der „Modeschur" gesagt, ist im Sommer auch mal Trocknen im Freien zu empfehlen, wenn Sie Zeit dafür haben. Auf jeden Fall muß das Haar vor dem Scheren und Schneiden vollkommen trocken sein. Selbstverständlich darf sich der Hund dazwischen bewegen und lösen.

Scheren Sie nun alles, was auf den Zeichnungen 20-23 schraffiert gezeichnet ist, in den Richtungen, die die Pfeile angeben und zwar den *Hals,* die *Wangen* und den *Fang* mit der großen Handklippschere und der Liliputschere (für Kehle und Fang), oder bei Klein- und Zwergpudeln nur mit der Liliputschere. Elektrisch scheren Sie mit dem 2 mm-Scherkopf oder, z.B. bei weißen Hunden, mit dem 3 mm-Scherkopf.

Ein schmales *Oberlippenbärtchen* (Zeichnung 20) darf bleiben, doch derzeit wird der ganze geschorene Fang vorgezogen.

Für Hunde, deren *Ohren* vielleicht nicht ganz dicht anliegen, ist es vorteilhaft, wenn das lange Haar der Jacke schon etwas vor den Ohren beginnt. Besonders stark behaarte Innenseiten der Ohren werden geschoren, jedoch nicht bis zum Rand.

Die *hintere Partie,* das erste Drittel der *Rute,* die Hinterläufe (sehr vorsichtig neben Hoden und Scheide) und die *Vorderläufe* bis zu dem Pompons, scheren Sie mit der großen Klippschere bzw. mit dem 3 mm-Scherkopf, evtl. auch mit dem 5 mm oder 7 mm-Scherkopf bei weißen oder apricotfarbenen Pudeln. Wenn der Hund sehr zugewachsen ist, markieren Sie sich zur Sicherheit vorher rund um den Körper und an den Vorderläufen den Beginn der Jacke, sowie der Pompons durch eine schmale Bahn mit der Haarschere. Man kann von da aus gut die Klippschere oder die Maschine ansetzen. Halten Sie das Haar an den Vorderläufen hoch, damit Sie sehen können, wo Sie etwas unterhalb der Ellbogen schneiden müssen.

Die Pfoten werden mit der kleinen Klippschere, bzw. dem 2 mm-Scherkopf gegen den Strich geschoren und, wenn nötig, mit einer kleinen Haarschere versäubert. Sie können die Zehen auch mit einem enggezahnten 1 mm-Scherkopf (siehe »Modeschur«) schneiden. *Filzc,* die sich häufig zwischen den Ballen bilde, sind mit einer kleinen, vorn abgerundeten, leicht gebogenen Schere herauszuschneiden.

Die Bauchpartie scheren Sie von den Hoden (Scheide) an mit dem 2 mm oder 3 mm-Scherkopf nach vorn. Vorsicht an den Zitzen. Es geht vielleicht besser mit der kleinen Handklippschere, die Sie auch für die Unterseite der Rute und die Analgegend benutzen.

Wo Sie die *Jacke* beginnen lassen, hängt vom Hund ab. So kann ein etwas länglicher Rücken durch eine weiter nach hinten gezogene Jacke kürzer wirken.

Die Pompons sollten gleichmäßig die Gelenke umschließen, in einer Höhe liegen und gleich groß sein. Der Pompon an der Rute entspricht ihnen größenmäßig. Bei dieser Schur sind die Pfoten gut sichtbar, nur bei nicht korrekter Stellung hält man sie etwas bedeckt.

Ein wenig kurze oder sehr lange Läufe kann man durch tiefer bzw. höher gesetzte Pompons optisch ausgleichen, ebenso mit der Haarlänge der Jacke im unteren Brustbereich.

Nach dem Scheren beginnt *die Feinarbeit,* das Modellieren mit der Haarschere. Diese sollte etwa ab 18 cm lang sein, gerade oder leicht gebogen, wie sie Ihnen besser liegt, und beweglich sein.

Schneiden Sie zuerst die *Pompons* rund. Manchmal können auch länglich geformte vorteilhaft sein. Bei einigen Pudeln ist es schwierig, an der Rute einen guten Pompon zu formen, weil das Haar hier nicht die richtige Qualität hat. Man muß ausprobieren, wo man das Haar zum Ausgleichen etwas länger lassen kann.

Die Jacke umschließt den vorderen Körper in Stromlinienform. Das Haar ist also am hinteren Ansatz am kürzesten geschnitten und wird in leichtem Bogen an den *Seiten* allmählich länger gelassen, am längsten in der Schultergegend (Zeichnung 23). Wie lang ist individuell zu entscheiden, da jeder Hund seine Besonderheiten hat, abgesehen von der Größe.

Auf *Rücken* und *Hals* bleibt das Haar länger als an den Seiten. Die nicht zu steil ansteigend geschnittene *obere Linie* unterstreicht die gewünschte Rückenkürze.

Die *untere Linie* folgt der natürlichen Körperform. Wie lang man das Haar läßt, richtet sich nach dem Körperbau. Mängel wie zu wenig Brusttiefe und etwas kurze oder sehr lange Vorderläufe sind mit der Schere optisch gut auszugleichen. Eine rundliche Jacke ähnelt mehr einem Muff und ist nicht so elegant.

Nehmen Sei sich nun den *Kopf* vor. In Deutschland gehört zur Standardschur eine schwungvoll geschnittene Krone, die die Augen frei läßt und an den Seiten mit dem Haar der Ohren verfließt (Zeichnungen 20 und 21). Hinten geht sie ohne Absatz in das Rückenhaar über. Die Pfeile geben die Schnittrichtungen an. Machen Sie am besten, und sichersten, kleine Schnitte mit der Scherenspitze.

Kämmen Sie das Haar an den *Ohren* aus und schneiden Sie die unteren Ränder in leichtem Bogen glatt. Es ist zu empfehlen, das Haar unter den Ohren etwas zu kürzen, damit der Hals eleganter wirkt.

Schneiden Sie nun auch die Rundung der Vorbrust in angemessener Haarlänge, etwa den Seiten entsprechend oder kürzer, wenn der Hund von Natur aus etwas länglich ist. Kämmen Sie Ihren Pudel zuletzt noch einmal rundherum auf und lassen Sie ihn sich schütteln, dann zeigt es sich, wo sie noch mit der Schere darübergehen müssen.

Sie sollten nicht die Geduld verlieren, wenn Ihnen diese diffizile Arbeit nicht sofort gelingt und es Dellen gibt. Gleichen Sie sie vorsichtig aus und schneiden Sie nur langsam tiefer. Prüfen Sie auch immer von oben, ob die Seiten gleich sind. Üben Sie die lockere Handhabung der Schere (wie es Friseure können müssen) und schneiden Sie die Frisur öfter nach, besonders, wenn sie vielleicht einmal von einem Fachmann vorgeschnitten wurde.

Im Winter hält man die sonst kurzgeschorenen Stellen länger im Haar, wie beim Puppy Clip und kürzt das Haar der Jacke. Bei Ausstellungshunden wird das lange Haar über den Winter zur Auffrischung ebenfalls zurückgeschnitten. Man muß dabei natürlich einkalkulieren, wieviel Zeit es braucht, um wieder Ausstellungslänge zu erreichen.

Die Standardschur ist überwiegend in *England* und *Amerika* neben Puppy Clip und Saddle Clip für Großpudel beliebt, jedoch mit Abweichungen. Das lange Stirnhaar wird mit einem Spezialgummi zum *Top-Knot* zusammengenommen (Zeichnung 20a und »Puppy clip« 24 und 25), und auf den Hüften bleiben *Polster* stehen (Zeichnung 20c).

DER PUPPY CLIP

Diese Schur ist vermutlich folgerichtig aus der Winterform der Standardschur entwickelt worden. Das längere Haar auf der hinteren Partie und das durchgehend lange Haar an den Vorder- und Hinterläufen beugt Erkältungen der Jungtiere vor, und sie sehen mit der angedeuteten Jacke schon wie richtige Pudel aus, obwohl das Haar noch kindlich ist und meistens noch nicht viel hergibt (Zeichnung 24). Es ist hinten etwa 2-3 cm lang, je nach Größe des Hundes, und wird nach vorn an den Seiten allmählich etwas länger gelassen, ebenso an den Hinterläufen. Auf Hals und Rücken bleibt das Haar möglichst lang, und man schneidet es ohne Absatz ansteigend, wie es Zeichnung 24 zeigt.

Inzwischen haben Sie alles, was auf den Zeichnungen 24, 25 und 26 schraffiert gezeichnet ist und die Bauchpartie geschoren, wie es bei der Standardschur beschrieben wurde. Nehmen Sie für das Scheren der Pfoten die Modeschur als Vorbild, da die Pompons der Standardschur ein wenig höher liegen. Sonst wird alles mit der Haarschere frei geschnitten. Man muß das noch weiche Haar, das meist nicht gut steht, ziemlich kurz schneiden (Zeichnung 27) und doch die Form andeuten.

Das Seitenhaar geht stufenlos in das Haar an den *Vorderläufen* über (Zeichnung 25, links ungeschnitten, rechts ausgeglichen). Diese werden rundherum gleichmäßig geschnitten, sodaß sie wie Säulen wirken, wie bei der Modeschur, doch beachten Sie den Unterschied zwischen den Übergängen zum Brusthaar (Zeichnung 13 und Zeichnung 24).

Kämmen Sie das Haar immer wieder auf und lassen Sie den Hund sich schütteln, damit alle Unebenheiten zum Vorschein kommen und Sie sie ausgleichen können. Über den Pfoten runden Sie das Haar ab (Zeichnung 26 rechts). Versuchen Sie, an der *Rute* schon einen Pompon zu formen.

Das Kopfhaar wird etwa vom Ohransatz an hochgebürstet und mit einem Spezialgummi zum Top-Knot zusammengebunden (Zeichnung 24a). Das charakteristische Profil entsteht, wenn Sie das gestraffte Haar unterhalb des Gummis mit einer Kammzinke etwas herausziehen. Das Haar darüber ist beim jungen Hund noch kurz und steht hoch. Bei älteren wird es dem Hinterkopf- und Nackenhaar angeglichen. Das Haar an den Ohren wird unten in leichtem Bogen geradegeschnitten. Seit kurzem ist der Puppy Clip auch mit geschnittener Krone auf Ausstellungen zugelassen.

Diese Schur war auf dem Kontinent bis 1987 nur für die Jugendklasse zugelassen. Seitedem ist sie, *abgewandelt mit Jacke,* die beliebteste Ausstellungsfrisur für erwachsene Pudel aller Größen (Zeichnung 28).

Die *Jacke* ist durch die Haarlänge deutlich von der hinteren Partie und den Vorderläufen abgesetzt (Zeichnungen 28, 29 und 30). Sie wird so wie die der Standardschur geschnitten, in *der* Haarlänge, die für den Hund am vorteilhaftesten ist. Das Haar auf der hinteren Partie sollte etwa 1-3 cm lang sein, je nach Körpergröße und Typ. Ein sehr schmaler Hund verträgt z.B. etwas mehr

Haar als ein stämmiger. Viele schneiden es frei mit der Haarschere. Sie können es auch mit der Maschine mit einem hohen Scherkopf (ab 10 mm) scheren und müssen dann fließende Übergänge zum Haar der Läufe schneiden.

Auch Pudelfrisuren sind der Mode unterworfen und werden immer wieder einmal abgewandelt, wie das z.Zt. beliebte längere Haar unterhalb der Kniegelenke zeigt (Zeichnung 28a).

Angehenden Ausstellern ist zu raten, die Trends zu beobachten und zu prüfen, denn nicht jede Neuheit steht jedem Hund. Sie sollten sich auch vor Übertreibungen hüten. Doch mit Geschmack (und dem Wissen um die kleinen Schwächen des eigenen Hundes) lassen sich manche Anregungen gut verarbeiten.

DER SADDLE CLIP (SATTELSCHUR)

Diese Schur ist in England und Amerika neben der Standardschur und dem Puppy Clip im Ring häufig zu sehen, auf dem europäischen Kontinent dagegen nicht so populär. Wenn Sie Standardschur und Puppy Clip beherrschen, dann dürfte Ihnen der Saddle Clip keine Schwierigkeiten machen, falls Sie ihn einmal schneiden möchten (Zeichnung 31). Die Vorbereitungen, also Baden, Fönen, Bürsten und Kämmen, sind die gleichen wie für die anderen Schuren.

Nehmen Sie für die Vorderläufe die Standardschur zum Vorbild und für die hintere Partie zunächst den Puppy Clip. Doch bleibt das Haar schon im oberen Abschnitt länger und kann somit rundlicher geschnitten und den darunter liegenden Pompons angeglichen werden (Zeichnung 32).

Kämmen Sie das Haar an den Läufen auf und markieren Sie die Trennung mit der Haarschere. Schneiden Sie die oberste Bahn in Kniehöhe, wie sie auf Zeichnung 31 angegeben ist. Beugen Sie den Lauf, damit Sie die richtige Stelle fühlen. Die zweite Bahn begrenzt die unteren Pompons, die denen an den Vorderläufen entsprechen.

Setzen Sie dann die Maschine (3 mm-Scherkopf) oder die kleine Klippschere an und scheren Sie einen halben bis einen cm hoch, je nach Körpergröße. Setzen Sie sie erneut daneben an und so fort, rundherum. Kämmen Sie danach das Haar nach unten bzw. nach oben, über die geschorenen Bahnen und schneiden Sie es so ab, wie es der Querschnitt zeigt (Zeichnung 33). Formen Sie die Pompons rundlich und deuten Sie auf der Rückseite der mittleren die Winkelung an (Zeichnungen 31 und 32). Der ausgeschnittene Fleck an den Seiten darf weggelassen werden.

Zu dieser Frisur gehört immer der Top-Knot.

Allgemeine Pflege

Sie benötigen: einen *Striegel,* der mit vielen feinen, gebogenen Drahtborsten doch weich ist, einen mittelweiten *Stahlkamm* (mit Holzgriff), einen *Entfilzungskamm* für Notfälle, eine kleine, vorn abgerundete, etwas gebogene *Schere,* eine *Pinzette,* einen *Zahnreiniger* und eine *Krallenzange.*

Für das Scheren und Schneiden: eine große (4,5 cm oder 5,3 cm) und eine kleine *Klippschere* (2,5 cm oder 3 cm), oder eine elektrische *Maschine* mit etwa

3 Scherköpfen (1 bis 2 mm, 3 mm und 5 mm oder 7 mm), eine Haarschere ab 18 cm Länge, die evtl. leicht gebogen ist (probieren Sie am besten beide Typen aus).

Pudel, deren Haar zum Verfilzen neigt, müssen täglich *gebürstet* und *gekämmt* werden, andere nicht ganz so oft. Für Ausstellungshunde ist es unumgänglich. Das lange Haar der Pudel in Standardschur oder Puppy Clip wird Partie für Partie (»Millimeter für Millimeter«) gekämmt.

Die Augen werden morgens trocken zum inneren Augenwinkel hin ausgeputzt. Bei Entzündungen zum Tierarzt!

Bei vielen Pudeln wachsen lange Haare in den *Gehörgängen.* Sie müssen von Zeit zu Zeit mit den Fingern oder mit einer Pinzette, wenige auf einmal, ausgezupft werden. Am Anfang ist es etwas unangenehm, doch ältere Hunde mögen es meistens.

Die Zähne kann man mit einer Hundezahnpasta regelmäßig putzen, um der Zahnsteinbildung vorzubeugen, oder man entfernt den Zahnstein mit einem Instrument, sobald es nötig erscheint (evtl. durch den Tierarzt).

Filze, die sich häufig zwischen den Ballen bilden, sind mit der kleinen abgerundeten, gebogenen Schere herauszuschneiden. Schneiden Sie so ein Gebilde aus Haaren, Sand, Erde (auch Kaugummi!) zuerst oberflächlich etwas ab und gehen dann vorsichtig bis auf den Grund.

Die Krallen laufen sich nicht bei allen Hunden genügend ab und sind nach Bedarf zu schneiden. Schneiden Sie nicht zu tief auf einmal. Bei schwarzen Krallen z.B. sieht man die Blutbahn nicht. Für den Fall, daß es doch einmal etwas blutet, halten Sie ein blutstillendes Mittel bereit, z.B. übermangansaures Kali. Näheres Kapitelende II.

Baden ist jeweils vor dem Scheren und Schneiden, je nach Haarwachstum also alle vier, sechs oder 8 Wochen, nötig. Bei einem 8 Wochen-Rhythmus wird man zwischendurch einmal baden müssen. Weiße Pudel können auch mal mit Euformal-Puder behandelt werden. Wenn Sie nur den Kopf, die Pfoten und die Rute nachscheren, brauchen Sie nicht vorher zu baden, gute Pflege vorausgesetzt.

Da viele *Hundeshampoos* auf dem Markt sind, lassen Sie sich am besten vom Züchter Ihres Pudels empfehlen, was er erprobt hat. Die Verwendung von *Haarspray* ist auf Ausstellungen verboten!

Pudel wurden zu allen Zeiten gern ein bißchen herausgeputzt, besonders die Zwergpudel. Nichts gegen glitzernde Halsbänder, aber modische Kleidung für kurzgeschorene Hunde im Winter? Das natürliche Haar, in vernünftiger Länge gehalten, ist immer noch der beste Schutz, es sei denn, das Haar ist, vielleicht altersbedingt, schütter geworden.

Zeichnung 1:
1349, England nach einer Messinggravur.

Zeichnung 2:
17. Jahrhundert, Frankreich

Zeichnung 4:
»Karakulschur«, nach 1945

Zeichnung 3:
um 1900, Deutschland

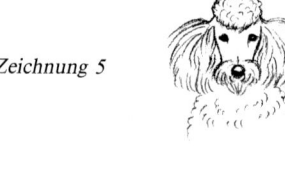

Zeichnung 5

Zeichnung 6

Zeichnung 7

Zeichnung 8

Zeichnung 9

Zeichnung 10

Zeichnung 11

Zeichnung 12

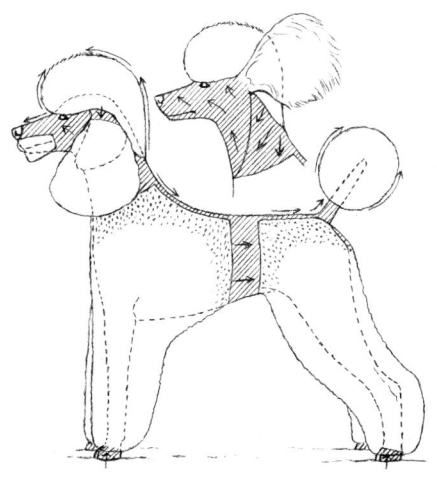

Zeichnung 13

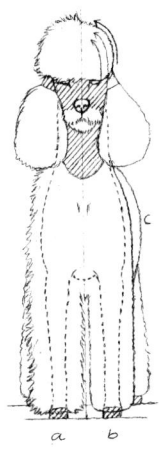

Zeichnung 14

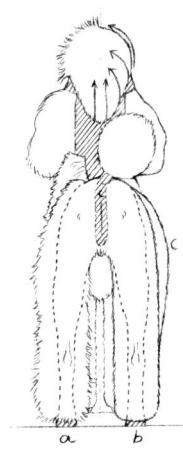

Zeichnung 15

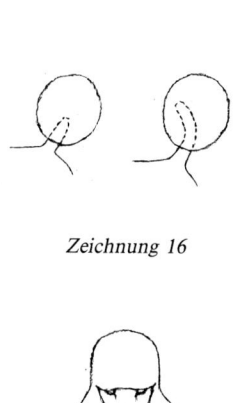

Zeichnung 16

Zeichnung 17

Zeichnung 18

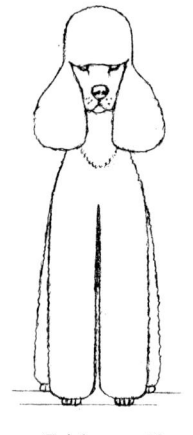

Zeichnung 19

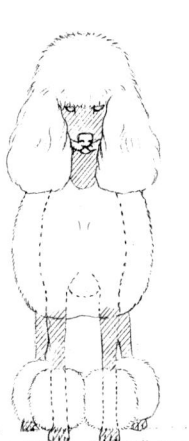

Zeichnung 21

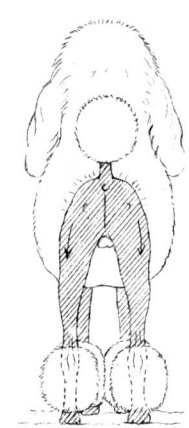

Zeichnung 22

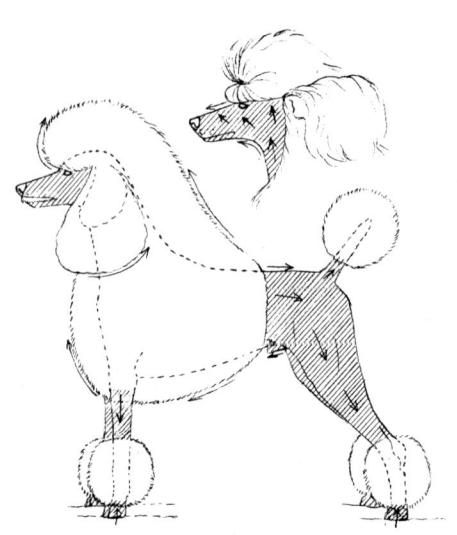

Zeichnung 20 a

Zeichnung 20b

Zeichnung 20c

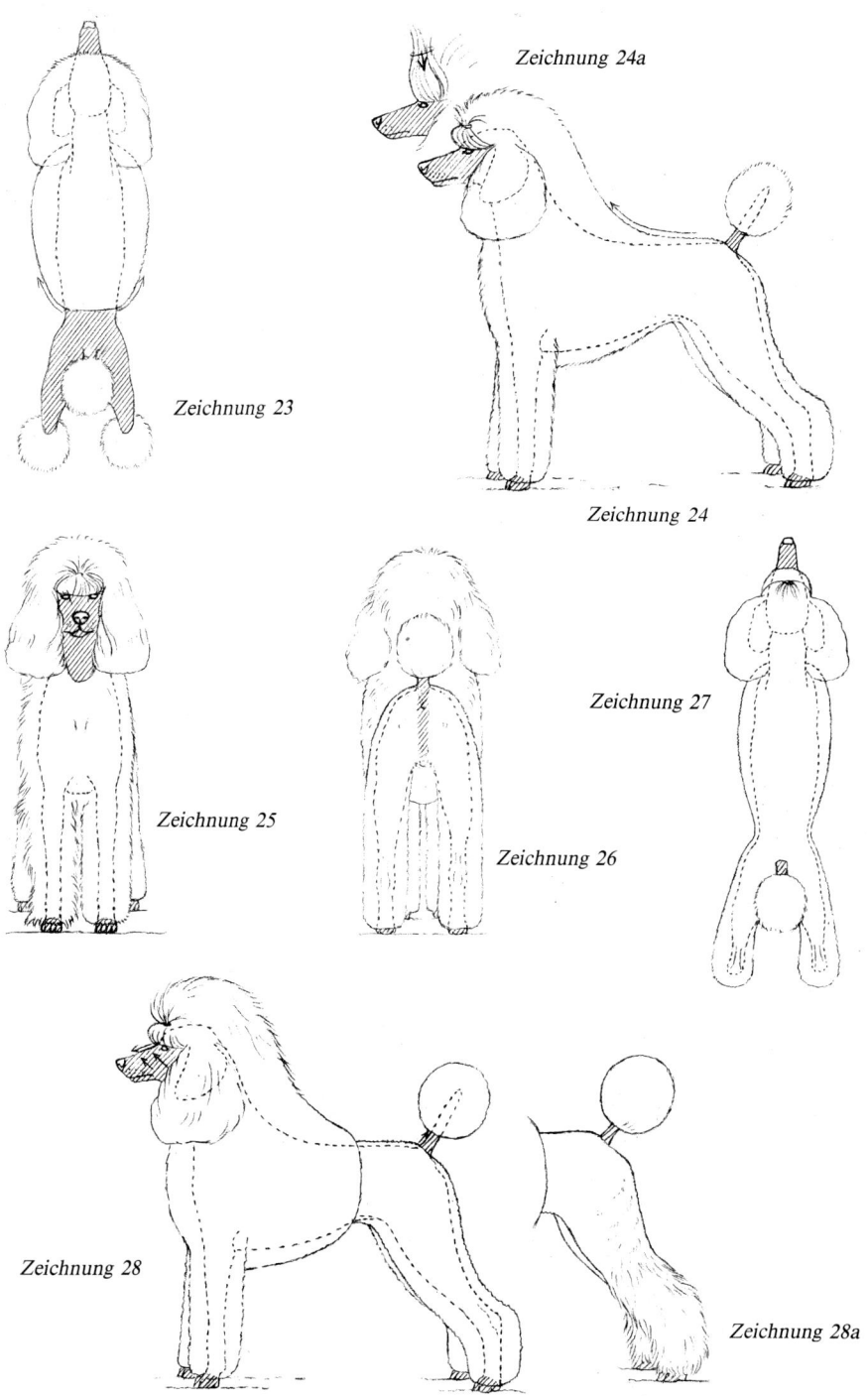

Zeichnung 23

Zeichnung 24a

Zeichnung 24

Zeichnung 25

Zeichnung 26

Zeichnung 27

Zeichnung 28

Zeichnung 28a

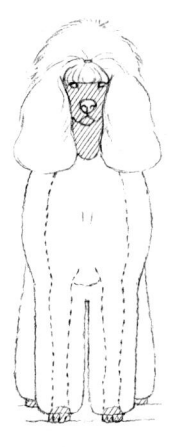

Zeichnung 29

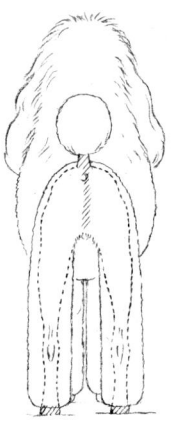

Zeichnung 30

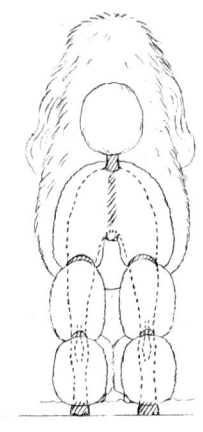

Zeichnung 32

Zeichnung 31

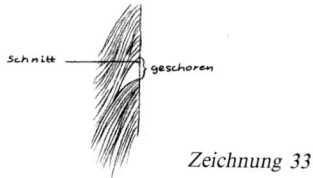

Zeichnung 33

5. Dachshund, Dackel oder Teckel

Eine vollendete deutsche Züchtung in drei Haararten und zwei Größen, geschaffen für den Jagdgebrauch über und unter der Erde. Teckel gehören darüber hinaus, auch durch ihr eigenwilliges Wesen, zu den beliebtesten Kleinhunden, ob im kurzen, langen oder rauhen Haarkleid.

Ihre Pflege ist einfach. Sie werden gebürstet bzw. gekämmt, und bei den Langhaarteckeln sind von Zeit zu Zeit zu lang überstehende Haare unten an den Pfoten abzuschneiden.

Die *Rauhhaarigen* haben dazu den Vorteil, daß sie bei etwas mehr Pflegeaufwand nicht haaren.

Ein korrekt behaarter Rauhhaar-Teckel, wie man ihn für die Jagd (und für die Ausstellung) wünscht, soll von weitem aussehen wie ein Kurzhaar, aber mit kleinem Bart, Augenbrauen und etwas dickeren Pfoten. Er hat festes, anliegendes Haar mit dichter, kurzer Unterwolle in den Farben Schwarz mit roten Abzeichen, Braun mit roten Abzeichen, Rot und Saufarben in allen Nuancen (Zeichnung 1).

Bei manchen hält sich trotz Bürsten, besonders im Frühjahr und im Herbst, noch überständiges Haar auf dem Rücken. Das neue Deckhaar ist dann am ganzen Körper schon nachgewachsen. Damit der Hund wieder seine rassige Linie bekommt, muß man alles lose Haar mit Daumen und Zeigefinger in Wuchsrichtung auszupfen.

Viel häufiger sieht man jedoch Teckel mit längerem, rauhen Haar, das durch Brüsten und Kämmen höchstens schütter wird aber nicht ganz ausgeht, wenn es reif ist (Zeichnung 2). Obwohl man das neue Deckhaar in frischer Farbe schon darunter sieht, werden nur wenige Hunde von dem alten Haar befreit. Viele Besitzer lieben ihren strubbeligen Dackel wie er ist, doch wieviel jugendlicher, sportlicher und - gepflegter könnte er aussehen, wenn das abgestorbene Haar, möglichst mit den Fingern, von Zeit zu Zeit ausgetrimmt würde (Zeichnung 3). Das ist keine altmodische Finesse, sondern dient der Haut- und Haarpflege und damit dem Wohlbefinden. Der charkteristische Ausdruck des Rauhhaarteckels bleibt natürlich erhalten, denn an Augenbrauen und Bart werden nur die längsten Haare ausgezupft (Zeichnung 4).

Auch an den Läufen zupft man zu lange Haare aus, und die Pfoten werden unten um die Ballen herum saubergeschnitten.

Die Schere braucht man sonst nur für die empfindlichen Stellen. Hunde mit sehr viel Haar, das nicht besonders fest ist (wohl noch ein Erbe des Dandie Dinmont Terriers, der zum Entstehen der Rasse mit beigetragen hat), machen mehr Arbeit, aber man sollte versuchen, durch Trimmen, am besten mit einem stumpfen Trimmesser, die Haarqualität zu verbessern. Im Frühjahr und vielleicht noch einmal im Herbst wird auch dieses Haar leichter herausgehen. Zu üppiges Haar an Bart, Augenbrauen und Läufen ist zu übertrimmen. An Stellen, wo das Trimmen zu schwer geht und dem Hund weh tut, z.B. unter der Rute oder an der Unterseite des Halses, schneidet man mit der Schere bzw. mit einer Klippschere. Es empfiehlt sich, schon beim Jungtier von etwa vier bis sechs Monaten zu probieren, überständiges Oberhaar auszuzupfen. Wenn Unterwolle vorhanden ist, können die Bemühungen Erfolg haben.

Vom Scheren ist abzuraten, denn dadurch würde das Haar noch weicher und mitunter lockig werden, auch verblassen. Scheren mit dem Strich wäre eine Lösung, z.B. bei zu wenig Unterwolle, um aus der »Schlummerrolle« einen schönen Dackel zu machen.

Als wuschelige Welpen lassen diese Dackel das Herz eines Hundefreundes dahinschmelzen, doch das richtige, feste und pflegeleichte Haar bekommen später die glatten, mit nur etwas längeren Haaren an Kopf, Läufen und Rute.

Allgemeine Pflege

Täglich bürsten, Rauhhaar mit festerer Borstenbürste als Glatthaar und Langhaar; letztere auch gut kämmen.

Täglich die Augen zum inneren Winkel hin trocken ausputzen, Ohren öfter nachsehen und, wenn nötig, mit Watte auswischen, Nägel von Zeit zu Zeit schneiden, falls sie zu lang sind, Baden selten, nach Bedarf.

Bitte, orientieren Sie sich auch an den Trimmanweisungen für andere Rassen.

Zeichnung 1

Zeichnung 2

Zeichnung 3   *Zeichnung 4a*   *Zeichnung 4b*

Schlußwort

Ich danke allen Züchtern, die mir bereitwillig viele Fragen beantwortet haben und aus ihrer Erfahrung manche Kniffe beigetragen haben.

Ich danke auch den lernwilligen Hundebesitzern für ihre Fragen, die mir bewußt gemacht haben, daß manches, was man selbst schon unwillkürlich richtig macht, einem Anfänger große Schwierigkeiten bereiten kann. Ich hoffe, daß alles so klar wie möglich beschrieben wurde. Trotzdem bedenken Sie, daß jeder Hund individuell behandelt werden muß, und, verlieren Sie nicht den Mut! Jeder hat einmal klein angefangen.

Renate Dolz

HUNDE VERSTEHEN ... LEICHT GEMACHT

Roger Mugford - HUNDE AUF DER COUCH - Verhaltenstherapie bei Hunden
212 Seiten, 61 Farbfotos, DM 46,00
„Für jeden Hundehalter, der dazulernen möchte, ist dieses Buch unverzichtbar. Er schreibt humorvoll und spannend, erreicht über seine geschilderten Fallstudien Wissenszuwachs und ein profunderes Hundeverständnis. Und genau das brauchen wir nötiger denn je!" (**Dr. Dorit Feddersen-Petersen**). Der Verhaltensforscher hat mehr als 20.000 Hunde auf Verhaltensstörungen behandelt, zum überwiegenden Teil unerwünschtes Verhalten abgestellt. Das Buch beschränkt sich aber in seiner Anwendung keineswegs auf Hundehalter mit gestörten Hunden, vermittelt vielmehr modernste Erkenntnisse der Verhaltensforschung, die jeder Hundehalter im Umgang mit seinen Hunden - insbesondere natürlich in der Hundeerziehung - anwenden kann. Dieses Buch ist im englischen und deutschen Sprachraum ein **Bestseller!** Es vermittelt zahlreichen Hundebesitzern neue Wege im Umgang mit ihren Hunden.

Myrna M. Milani - DIE UNSICHTBARE LEINE - Ein besserer Weg zum Verständnis des Hundes!
248 Seiten, DM 39,80
Nur ein Mensch kann lernen, wie ein Hund denkt - nie umgekehrt. Die Tierärztin und Tierpsychologin Milani erklärt die faszinierende Welt der Sinne unserer Hunde. Das Wissen um die unterschiedlichen Sinneseindrücke wird zum Schlüssel für eine erfolgreiche Erziehung des Hundes in jeder Lebenslage. Die unsichtbare Leine ist das Band zwischen Mensch und Hund. Es ist geknüpft aus Wissen, Vertrauen, Verstehen, Geduld und - vor allem - aus Liebe. „Ein warmherziges, kluges, wunderschönes Buch!"

Dr. D. Fleig - KYNOS HUNDEFIBEL - Über den richtigen Umgang mit Hunden
104 Seiten, 50 Farbaufnahmen, DM 19,80
„Ich kenne keine andere Schrift, die auch für den Hundelaien verständlich Vor- und Nachteile einer Hundehaltung so informativ behandelt. Wer erstmals einen Hund in die Familie nehmen möchte, sollte zuvor die Hundefibel lesen und deren Empfehlungen berücksichtigen. Das kleine Buch liest sich gut, es ist in allen Teilen lebendig geschrieben und zeugt vom umfassenden und tiefgründigen Sachwissen des Verfassers. Ihm ein ehrliches Kompliment!" (**Max Sutter**). Ein Buch für Einsteiger wie Fortgeschrittene. Es führt die richtigen Hunderassen zu den richtigen Hundehaltern, für eine **Partnerschaft auf Lebenszeit!** Es berücksichtigt nicht nur die Wünsche des Menschen, sondern dokumentiert eindeutig die Anforderungen, die der Hund an seinen Menschen richtet.

Eberhard Trumler - DER SCHWIERIGE HUND
208 Seiten, 46 Meisterfotos von Dr. H. Jesse, DM 34,00
Haben Sie - manchmal - einen schwierigen Hund? Verstehen Sie - immer - Ihren Hund? Lernen Sie mit Eberhard Trumler, wie Ihr Hund denkt. Dann haben Sie nie mehr einen schwierigen Hund! Aggressionen, Raufen, Angstbeißer, Gewitterfurcht, Schußscheu, Welpentötung, Kläffen, Stubenunreinheit, Zerstören der Wohnungseinrichtung, Weglaufen, Streunen, Kotfressen, Wasserscheu, Fressunlust, Freßgier, Leinenangst - was immer das Normalverhalten des Hundes verändert hat, der Verhaltensforscher Eberhard Trumler weiß Rat.

Eberhard Trumler - MENSCH UND HUND
148 Seiten, 25 Original-Farbfotos des Autors, DM 39,80
Mensch und Hund sind zwei verschiedene Geschöpfe, die in enger Verbundenheit miteinander leben. Wie Mensch und Hund zusammenfanden - hierüber berichten einmalige Forschungsergebnisse aus Haushund- und Wolfsforschung. Das Wolfsrudel als Vorbild für die menschliche Sozialordnung. Welpentests, Wesensanalyse am Spielverhalten, alternative Hundeerziehung! Dieses Buch lehrt, den eigenen Hund zu verstehen, seine Lernfähigkeit zum richtigen Zeitpunkt zu nutzen, mit ihm eine befriedigende Lebensgemeinschaft aufzubauen. „Erziehung ist alles - Dressur ist nichts!"

Gudrun Beckmann - DER GROSSE HUNDEKNIGGE - Vom Umgang mit Hunden
224 Seiten, 33 Meisterfotos von Dr. H. Jesse, DM 39,80
Dem Medienrummel gegen Hunde hat die Historikerin eine überzeugende Antwort gegenübergestellt. Ein Buch, das die zwischenmenschlichen Beziehungen der Hundefreunde und Hundegegner entkrampfen kann, dokumentiert, wie Hunde wirklich sind! „**Führer für Hundeseelen - wider die Kind-Hund-Idylle und andere Vorurteile im Umgang mit Hunden.** Wer die Verantwortung für einen Hund übernommen hat oder sich mit der Absicht trägt, sein Leben für die nächsten 10-15 Jahre mit ihm zu teilen, der sollte dieses Buch lesen. Auch dann, wenn er glaubt, er könne nichts mehr dazulernen. Er dürfte sich irren." (**Gert Haucke „Die Zeit"**)

KYNOS VERLAG Dr. Dieter Fleig GmbH

Am Remelsbach 30, D-54570 Mürlenbach
Telefon 06594/653, Telefax 06594/452

HUNDE ERZIEHEN ... LEICHT GEMACHT

Roger Mugford - HUNDEERZIEHUNG 2000 - Irrtumsfreies Lernen
ca. 208 Seiten, 76 Farbfotos, 1993, DM 49,80
Seit 1979 leitet der international renommierte Verhaltensforscher Dr. Roger Mugford das „Animal Behaviour Center". Sein neues Erziehungssystem für Hunde, mit den Erziehungshilfen **Halti, Kong-toys, dog-stop, aboistop und boomer ball**, leitete eine Wende in der Hundeerziehung ein. Mit einem Minimum an Zwang wird der Hund unter gezieltem Ausnutzen seines eigenen Verhaltensinventars problemlos in die menschliche Familie und moderne Umwelt integriert. Die Forschungsergebnisse von Dr. Roger Mugford revolutionieren die Hundeerziehung - daher der Buchtitel! Anwendbar für die Familienhund-Erziehung wie auch für den Leistungssport. Ein **Muß** für jeden Hundehalter.

Ruth Hobday - AGILITY ... MACHT SPASS!
Band I - Ein Führer Schritt für Schritt - für Anfänger wie Fortgeschrittene
143 Seiten, 190 Fotos und Zeichnungen, DM 32,00
Band II - Kontrolle und Vorführtechnik für Wettbewerber auf allen Leistungsstufen
205 Seiten, 200 Fotos und Zeichnungen, DM 39,80
Agility ist Behendigkeit auf sechs Beinen! Dieser Freizeitsport gewinnt weltweit laufend neue Freunde. Das Ursprungsland ist England und die Autorin gehört zu den Pionieren, die diesen Sport von Anfang an aufgebaut haben. Die beiden Bände führen in alle Geheimnisse der Agility-Ausbildung ein. Wie in England werden diese nun endlich auch in deutscher Sprache erhältlichen Bücher bald auch auf dem Kontinent zum Standardwerk für den Agility-Sport werden.

Heinz Gail - 1 x 1 DER HUNDEERZIEHUNG - Ratgeber für erfolgreiche Erziehung
Kynos Kleine Hundebibliothek, 104 Seiten, 74 Fotos, DM 24,80
Nur durch sinnvolle Nutzung der gerade im Welpenalter besonders ausgeprägten Lernfähigkeit des jungen Hundes erwächst Harmonie und Verständnis von Mensch und Hund. Auch „verdorbene Hunde" kann man sinnvoll korrigieren. Wie man das macht, zeigt diese Hundeschule. Eines der besten Bücher, die über die Erziehung unserer Hunde geschrieben wurden. Profundes eigenes Wissen des Autors, unter Ausnutzung der **Wolters-Erziehungsmethode**.

Konrad Most - DIe ABRICHTUNG DES HUNDES - Klassische Erziehungsmethode
16., von **Fritz Rasch** völlig neu bearbeitete Auflage, 232 Seiten, 85 Abbildungen, DM 39,80
Das auflagenstärkste deutschsprachige Erziehungswerk für Gebrauchshunde vom „Schöpfer des Diensthundewesens". Nach der Abrichtungsmethode Mosts lernt jeder Hund schneller, da sie das hundliche Verhaltensinventar voll nutzt. Trotz des mit dieser Methode verbundenen Zwangs bleibt die Arbeitsfreudigkeit weitgehend erhalten, werden zuverlässige Leistungen erzielt. Die Most'sche Abrichtungslehre ist Grundlage der heutigen Ausbildung von Gebrauchshunden.

Angela Wegmann / Winfried Heines - SUCH UND HILF! - Hunde retten Menschenleben
416 Seiten, über 100 Fotos, reich illustriert, DM 49,80
Das Handbuch für die Ausbildung und den Einsatz des Rettungshundes. Ein fachkundiges, die gesamte Arbeit von Gebrauchshunden wie Rettungshunden spiegelndes Werk. Es enthält eine detaillierte Anleitung für Ausbildung und Einsatz von Rettungshunden. Hundesport und Rettungshundeausbildung basieren auf gleichen Voraussetzungen. Dieses Handbuch bietet für jeden, der sich mit der Erziehung von Hunden befaßt, eine Fülle von Anregungen und neuen Erkenntnissen. Völlig neue Perspektiven eines sinnvollen Leistungssports werden aufgezeigt!

Richard A. Wolters - NEUE WEGE DER JAGDHUNDEAUSBILDUNG - Früherziehung auf wissenschaftlicher Grundlage - nicht nur für Jagdhunde!
212 Seiten, 270 Abbildungen, DM 46,00
Eine präzise Ausbildungslehre - Schritt für Schritt - vom 7 Wochen alten Welpen bis zum Jährling am Beispiel des Labradors. Mehr als eine halbe Million verkaufter Ausbildungsbücher dokumentieren das Ansehen des Autors. Auf den Grundlagen modernster Verhaltensforschung wird die gerade im Jugendalter extreme Lernfähigkeit des Hundes gezielt auf seine Aufgaben ausgerichtet. Trotz klarer Zielsetzung auf die Jagdhundeausbildung ist dieses Buch eine **unerschöpfliche Fundgrube für jeden Hundebesitzer**. Allen Hunden - gleich welcher Rasse - wäre gedient, mit der **Wolters-Methode**, weitgehend ohne Zwang, erzogen. Sehr empfehlenswert!

KYNOS VERLAG Dr. Dieter Fleig GmbH

Am Remelsbach 30, D 54570 Mürlenbach
Telefon 0 65 94 / 653, Telefax 0 65 94 / 452

KYNOS-ATLAS
HUNDERASSEN DER WELT

BONNIE WILCOX, DVM,
— und —
CHRIS WALKOWICZ

ÜBER 1.100
FARBFOTOS

Redaktion
deutschsprachige
Fassung:

DR. DIETER FLEIG

Das
besondere
Hundebuch
Kynos
Verlag

Der umfassendste
fachkundige
Hundeführer
der ganzen Welt

Das umfassendste und fachkundigste Hundebuch der Welt!
Mehr als 400 Hunderassen in Wort und Bild.
912 Seiten, Großformat (22 x 31 cm), über 1100 Farbaufnahmen, DM 198,-

Kynos Verlag Dr. Dieter Fleig GmbH
Am Remelsbach 30, D-54570 Mürlenbach
Tel. 06594/653, Fax 06594/452